なわとび跳べないぶきっちょくん

ただの運動オンチだと思ったら、
DCD（発達性協調運動障害）
でした！

オチョのうつつ（漫画家）著
古荘純一（青山学院大学教授 小児科医）監修

合同出版

イントロダクション

こんにちは！
私は漫画家の
「オチョのうつつ」こと
現《うつつ》野《の》オチョ
あちら↓
あちらは
夫のセロ
そしてこちらは
かわいくて
やさしくて
かしこい
自慢の息子の
ウノ（小6）です！
やめろよ～
てれ
てれ
……と思って
いたんだけど
なんていうか
この頃メッキが
剝がれたというか
字も下手だし
運動も
からっきしダメ
ブツ
ブツ
やめろよ
もしかして
ウチの子って
ダメな子なのかも!?
NOー!
……と思ったら

DCD（発達性協調運動障害）だったのです!!
Developmental Motor Coordination Disorder

みなさんもクラスに一人や二人おや？　と思う子はいませんでしたか？
新春
DCDは昔からあるにもかかわらずあまり知られていない障害なのです

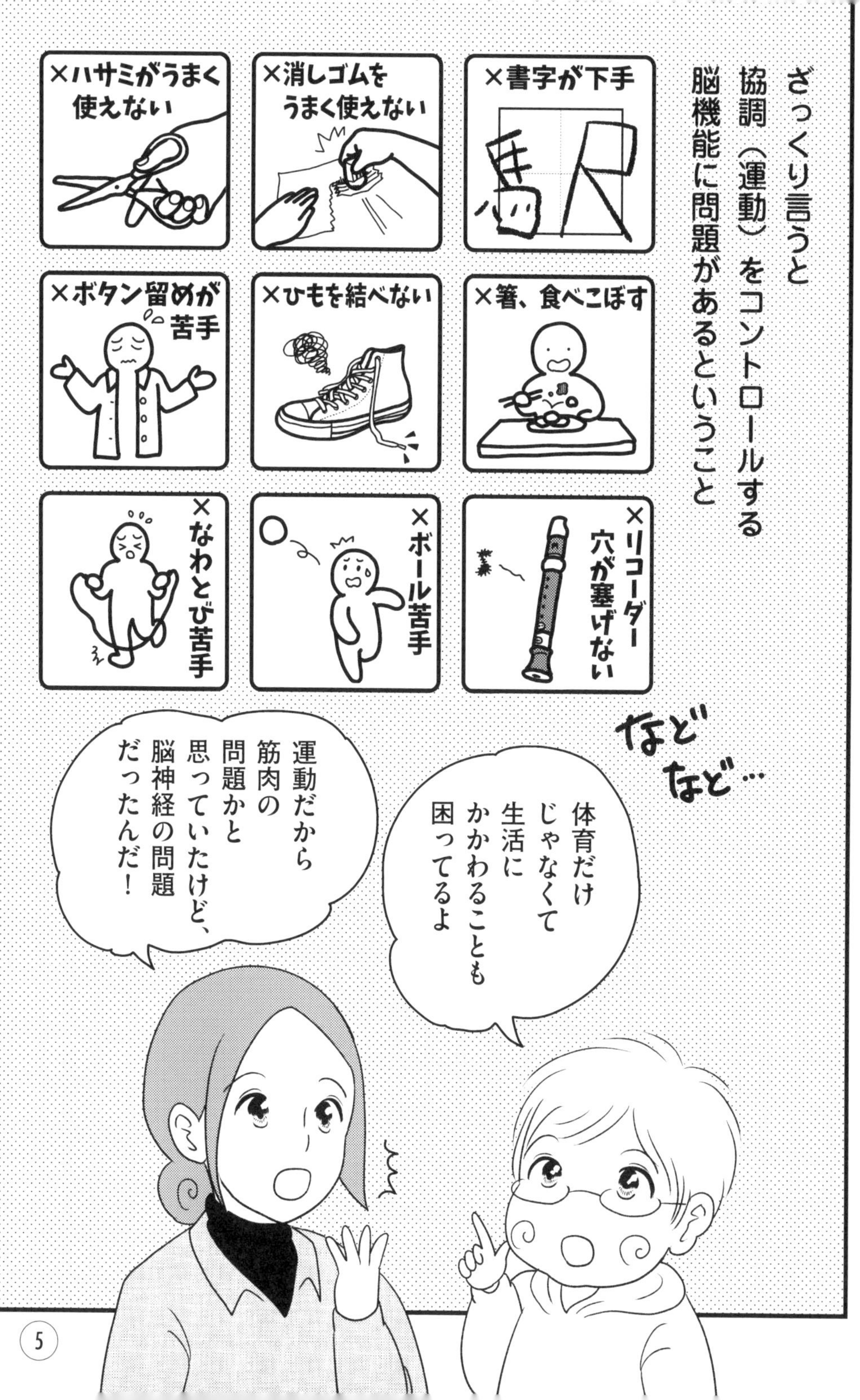
ざっくり言うと
協調（運動）をコントロールする
脳機能に問題があるということ
×書字が下手
×消しゴムをうまく使えない
×ハサミがうまく使えない
×箸、食べこぼす
×ひもを結べない
×ボタン留めが苦手
×リコーダー穴が塞げない
×ボール苦手
×なわとび苦手
などなど…
体育だけじゃなくて生活にかかわることも困ってるよ
運動だから筋肉の問題かと思っていたけど、脳神経の問題だったんだ！

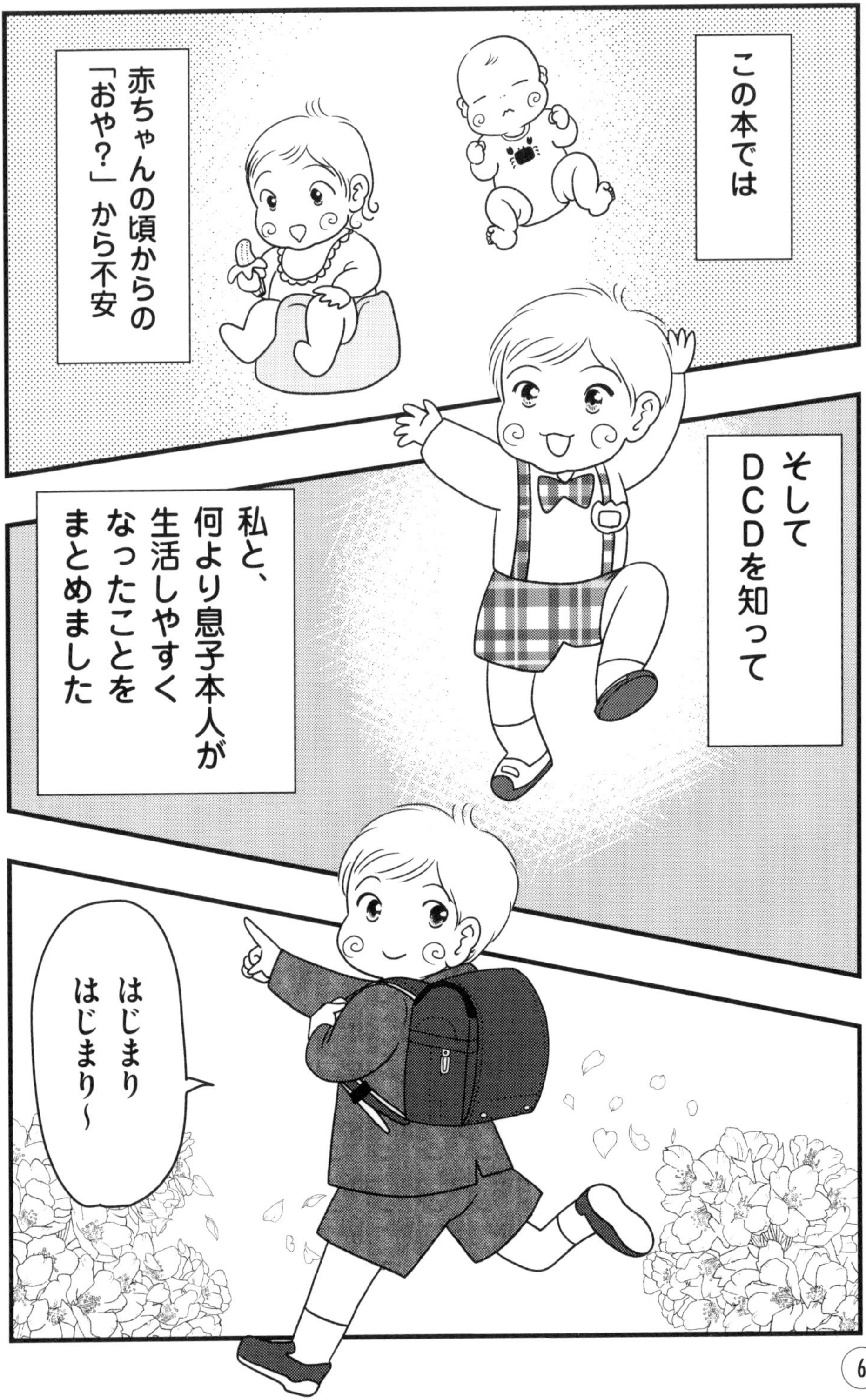
この本では
赤ちゃんの頃からの「おや?」から不安
そしてDCDを知って
私と、何より息子本人が生活しやすくなったことをまとめました
はじまりはじまり〜

もくじ

DCD なんて全然わからない

0～2歳

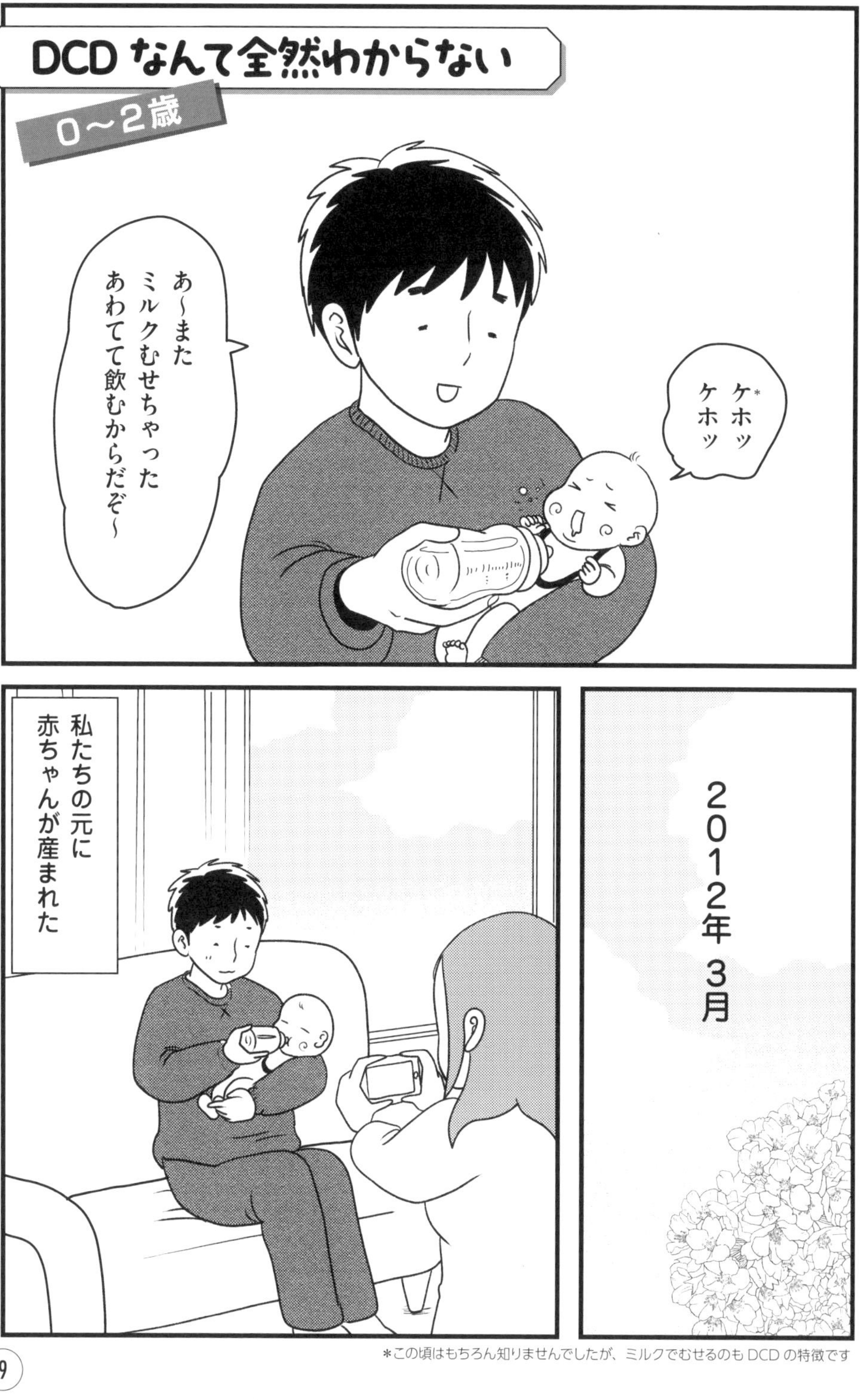
ケホッ*
ケホッ
あ～また
ミルクむせちゃった
あわてて飲むからだぞ～
2012年 3月
私たちの元に
赤ちゃんが産まれた

＊この頃はもちろん知りませんでしたが、ミルクでむせるのも DCD の特徴です

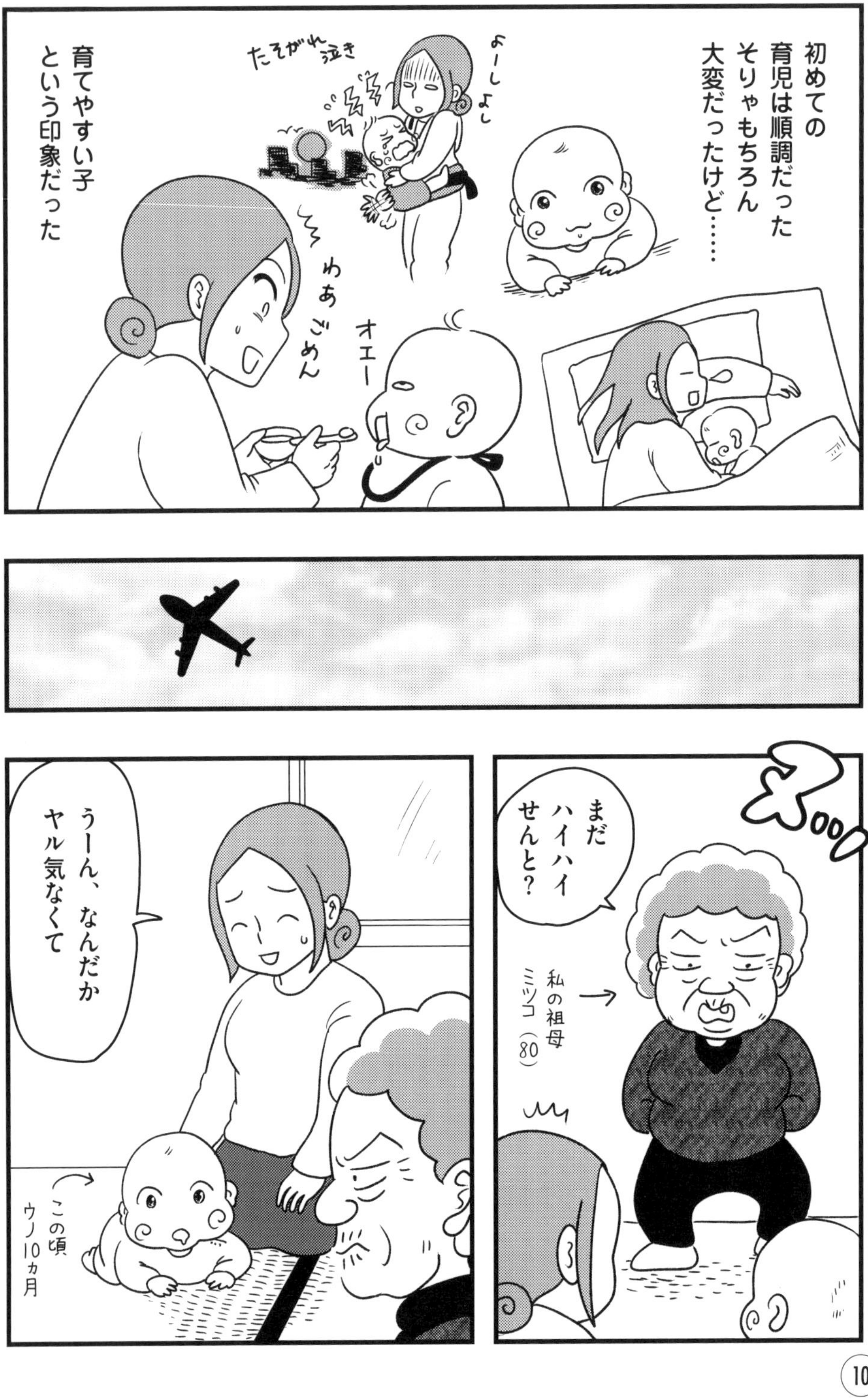
初めての
育児は順調だった
そりゃもちろん
大変だったけど……
よーしよし
たそがれ泣き
オエー
わあごめん
育てやすい子
という印象だった
まだハイハイせんと？
私の祖母ミツコ（80）
うーん、なんだか
ヤル気なくて
この頃ウノ10ヵ月

甘やかして！
なんでも
お母さんが
やってあげすぎ！
サッ
グサッ
そーいうこと言われたくないー
特訓特訓！
キャーーッ♡
電子機器大好き
これが
欲しいと？
取って
みらんね！
ずりー…
ずりー…
ホイ
あと30㎝！
サッ
ガーン
赤ちゃんに
スパルタ……
良くも悪くも
「昔の人」のおかげで
ズリバイが
できるようになり……
ホ〜レ
ホ〜レ
そのあとの
「立っち」や歩くのは
順調にできた

とはいえ
抱っこが大好きで
自分から歩きたがる
ことは少ない
スーパー
ハァー
ハァー
ハァー
ハァー
ムキ
ムキ
ずし…
スーパー
スーパー
米
5kg
※マンションの前が
スーパーだったので
宅配は考えず

1歳半頃

体幹が弱いのかな～
ソファに座ると
いつも寄りかかってきて
重いんだよね
のし～
えほん

わーっ
滑り台もまっすぐ滑れないんだよね……
どうしてそうなるっ!?
気にしすぎじゃない?
まだ1歳だよそんな子もいるさ
うん……
そうだよね……
初めての育児は楽しくてかわいくて

でも
えほん
あれ？　って
思うことがあるのは
なんでだろう
おはなし
えほん

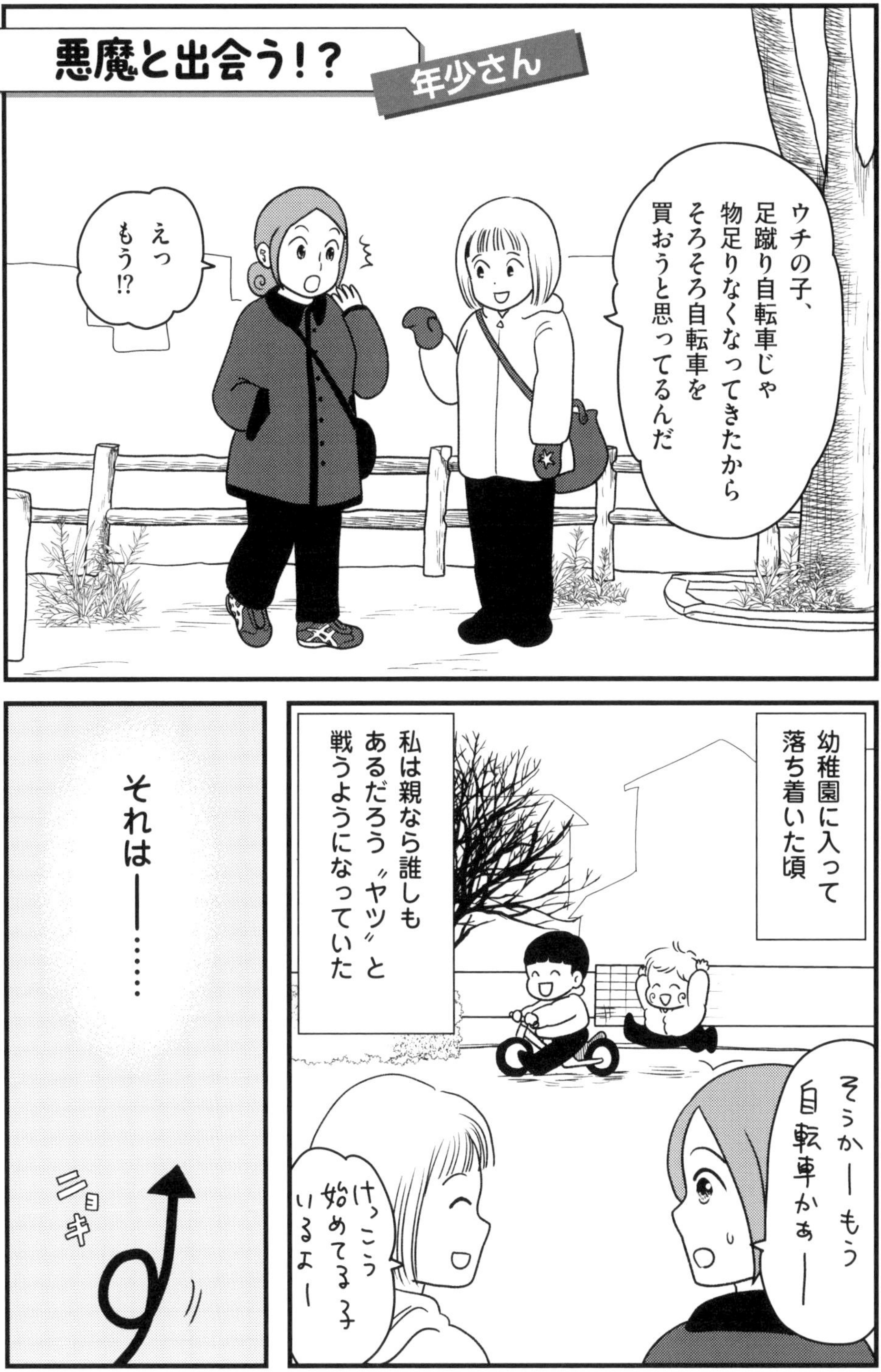
悪魔と出会う!?
年少さん
ウチの子、足蹴り自転車じゃ物足りなくなってきたからそろそろ自転車を買おうと思ってるんだ
えっ もう!?
幼稚園に入って落ち着いた頃
私は親なら誰しもあるだろう〝ヤツ〟と戦うようになっていた
そうかーもう自転車かぁー
けっこう始めてる子いるよー
それは――……
ニョキ

ホ〜ラ あの子は もう自転車 ですってよ
みんなできてるのに ウノはできないわね〜
ウノは ブランコも まだ こげないわね〜
母親の対応が 悪いんじゃない？
比
よその子と 比べる悪魔!!
あ… あう〜〜
つんつん

おもちゃや
そろそろ自転車を始める子もいるみたいだし
足蹴り自転車を試してみよう!
乗ってみて
バー

しーん
いらない

い……いらないんじゃない？
まさか一歩も踏み出せず倒れるとは……

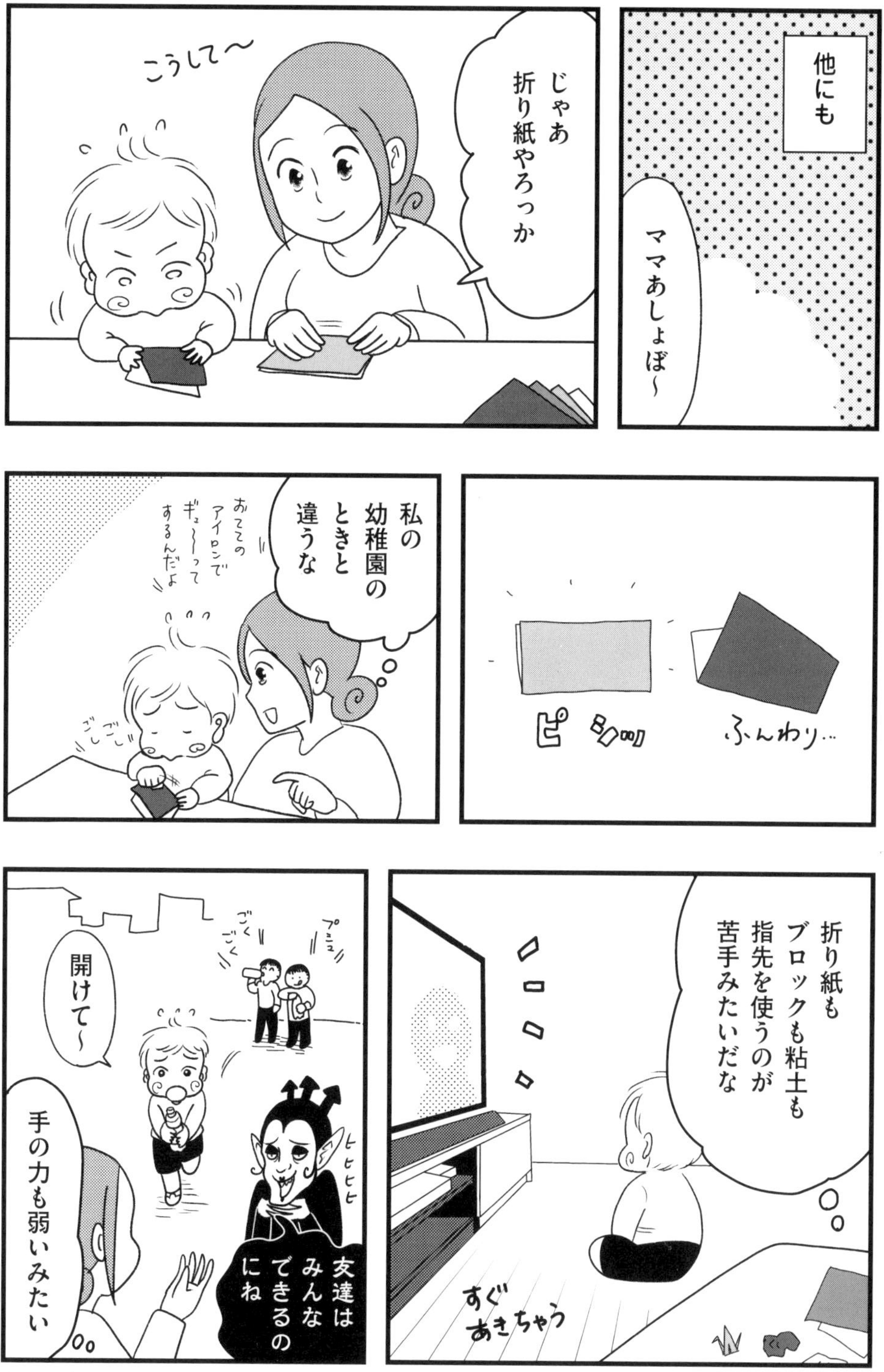

他にも
ママあしょぼ〜
じゃあ
折り紙やろっか
こうして〜
ピシッ
ふんわり…
私の
幼稚園の
ときと
違うな
おててのアイロンでギュ〜〜ってするんだよ
ごしごし
折り紙も
ブロックも粘土も
指先を使うのが
苦手みたいだな
すぐあきちゃう
プシュ
ごくごく
開けて〜
ヒヒヒヒ
友達は
みんな
できるの
にね
手の力も弱いみたい

ああ頭ではわかっているのにウノには良いところがたくさんあるのに
どうしてできない部分に注目して焦ってしまうんだろう
ずーん…
私ってダメな親だ〜〜〜〜!!
そうねあなたは他のママより子の良さを引き出せないダメママね
ウノが他の子よりできないのはあなたのせいよ
みんなもっと完璧に育児してるのに
比
ママ

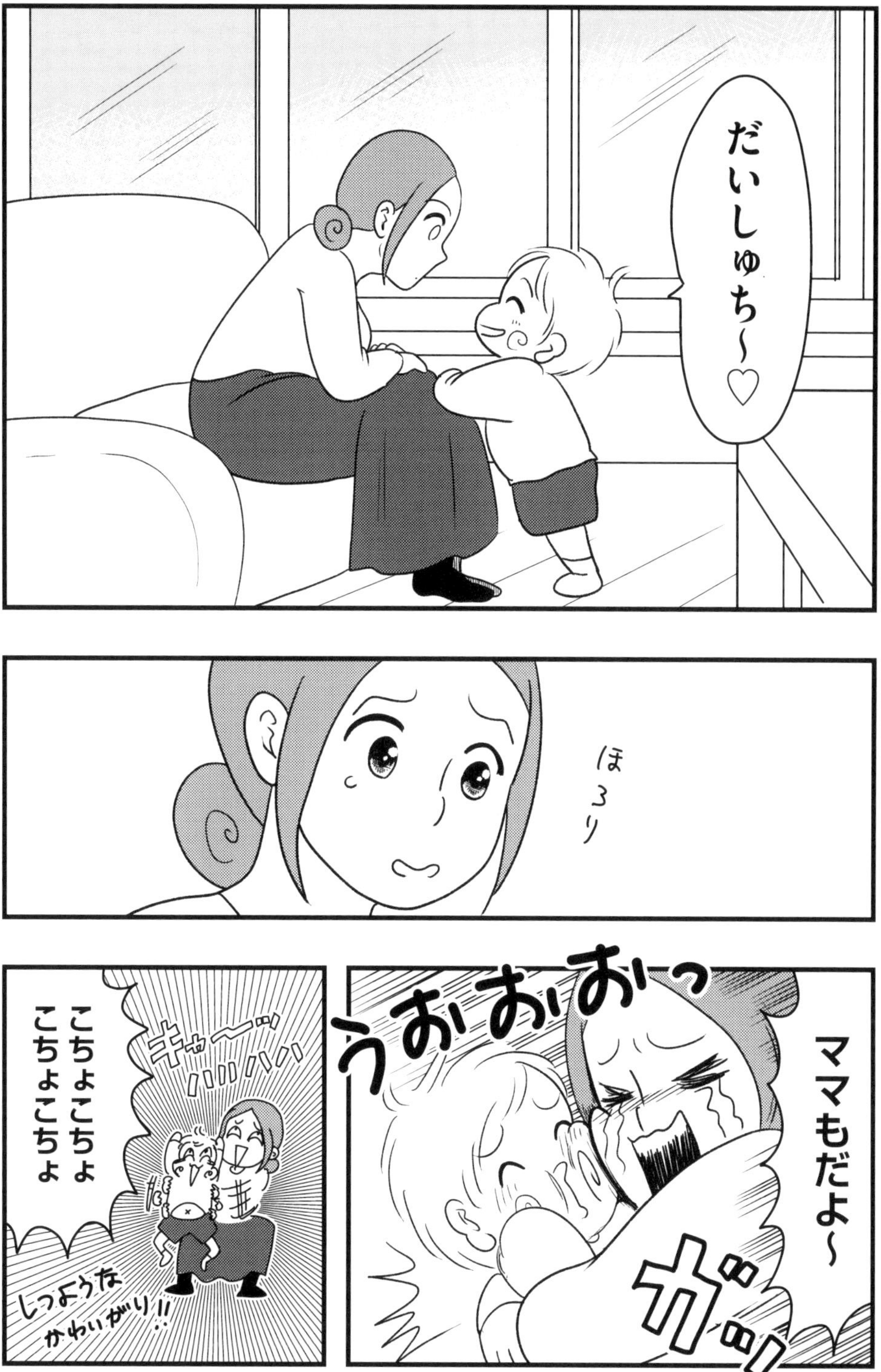

だいしゅち〜♡
ほろり
うおおおっ
ママもだよ〜
ガバッ
こちょこちょ
こちょこちょこちょ
キャ〜ハハハハ
しつような
かわいがり!!

わ〜〜っ
キャー
キャー
笑いすぎてオシッコ漏らした
んもぉ〜またぁ!?
このときはかわいい癖だった笑いすぎて漏らす「笑ション」は
まあ今のはくすぐった私が悪いよね
でも気をつけてね…
うん
後々大きな困りごとになる

電車も車も
外遊びも
興味ないし
ほらっ
オレンジの!!
中央線だよっ
ちゅーおーせんっ
すーん
ガタン
ゴトン!!
唯一
興味あるのは
ゲームとか
電子機器だけど
えーっ!
もうゲーム
させてるの!?
目が悪く
なるよーっ
あはは…
そうだよね
～っ
とか
言われるし……
ヒヒヒヒ
ゲームなんてさせてる
悪い親は
あなただけ
ママ友
ママ友
私の古～いおさがり
ニンテンドーDS
ぼくは
大きくなったら
ゲームを
ちゅくるひとに
なるんだよ
マリオの本
マリオ

だからって
ゲームばっか
させるわけには
いかないでしょう
今になってわかる
母の気持ち…
漫画ばっか
読んでても
漫画家に
なれないよ
母
わかってるよ〜
ジャンプ

何をしてあげたら
この子のために
なるんだろう
ぬりえ

解説1

DCDは運動オンチと何が違うの？

DCDは「発達性協調運動障害」のことで、発達障害の1つのタイプです。行動や運動のときにぎこちなさが見られたり、手先が不器用な子どもに対して、「運動オンチ」「運動神経が悪い」「こういう子は昔からいたから」と思っている人にとっては、単に手先が不器用なだけでそれほど困っているようには見えないのかもしれません。

しかし、協調運動に障害があると、体育で行なうなわとび、ボール投げ、水泳はもちろんのこと、字を書く、体を洗う、ボタンを留める、などの日常動作すべてにおいて不器用なことで不都合がおこってきます。ここでいう不器用さとは、動作に時間がかかる、あるいは不正確である、ということです。たとえば、黒板の字をノートに書き写そうとしたら、時間がかかって先生のペースに追いつかない、急いで書けば、汚い字になり不正確で読み返してもわからない、板書ができないということになります。

着替えなどの準備に極端に時間がかかって集団行動に支障がでることもあります。答えがわかっているのに文字を書くことに時間がかかりテストの点数が悪い、大人になると仕事の手順が悪いと批判されるなど、本人の運動能力の困難が、日常生活活動、学業・職業活動や余暇活動などに重大かつ持続的な制限を引き起こします。

このように、個性の範囲を超えて、周囲からの配慮が必要なほど、動作の不器用さが目立つのがDCDの診断のポイントとなります。

協調運動のしくみ

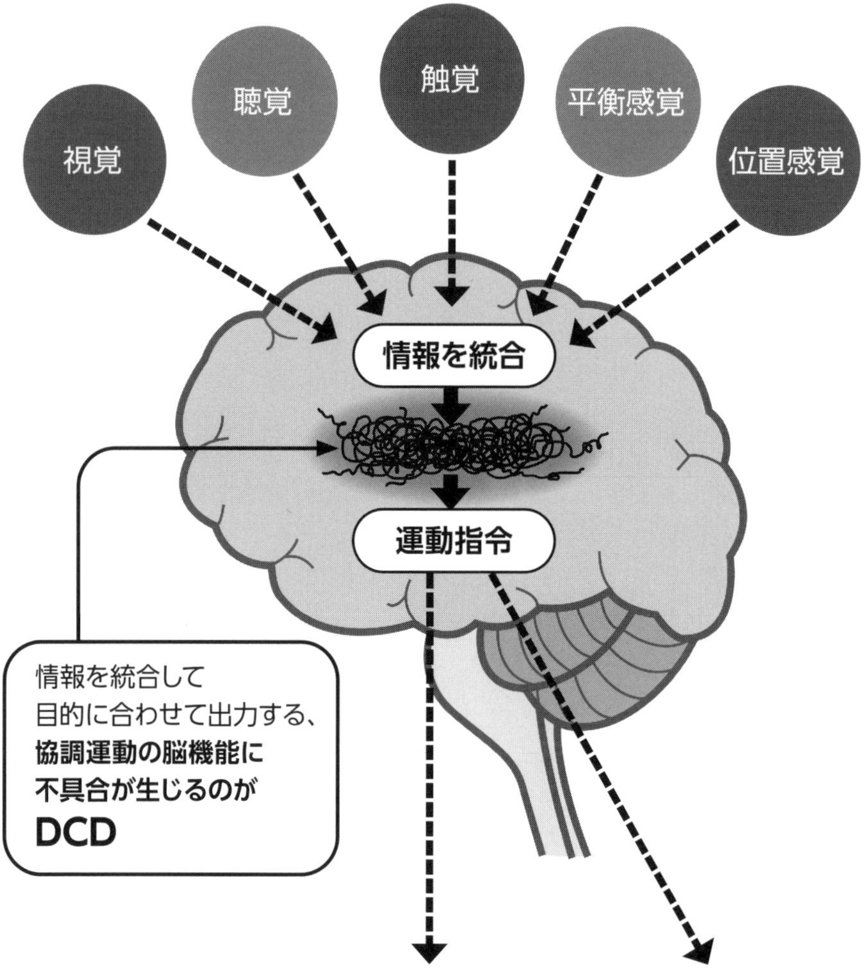
視覚
聴覚
触覚
平衡感覚
位置感覚
情報を統合
運動指令
情報を統合して
目的に合わせて出力する、
協調運動の脳機能に
不具合が生じるのが
DCD

なわとびを跳ぶ

腕や手首でなわを動かしながら、足はまわすタイミングに合わせてジャンプする

文字を書く：書字

指先を使って筆記用具を動かしたり、筆圧を調整したりする
バランスを見て書く

「好き」を探そう　年中～年長

ママが流してあげるよ
頭を狙って水をかけられない
そもそも顔に水がかかるのがイヤ
ママらんぼう！顔にかかるからイヤッ！
流さないわけにはいかないでしょーが！
覚悟しろっ!!
!!!
毎晩……フロの時間がストレス……
ぎゃーん

スポーツクラブ
水泳教室に入りました
見学中→
小学校に上がったら絶対苦労するだろうから……
二人でプールに行ったときびっくりしたもん
オ4ヨ
わーっ
ブクブクブク
カナヅチって漫画だけの話だと思ってた本当にいるのね
ママ〜！
ホッ……よかった楽しそう

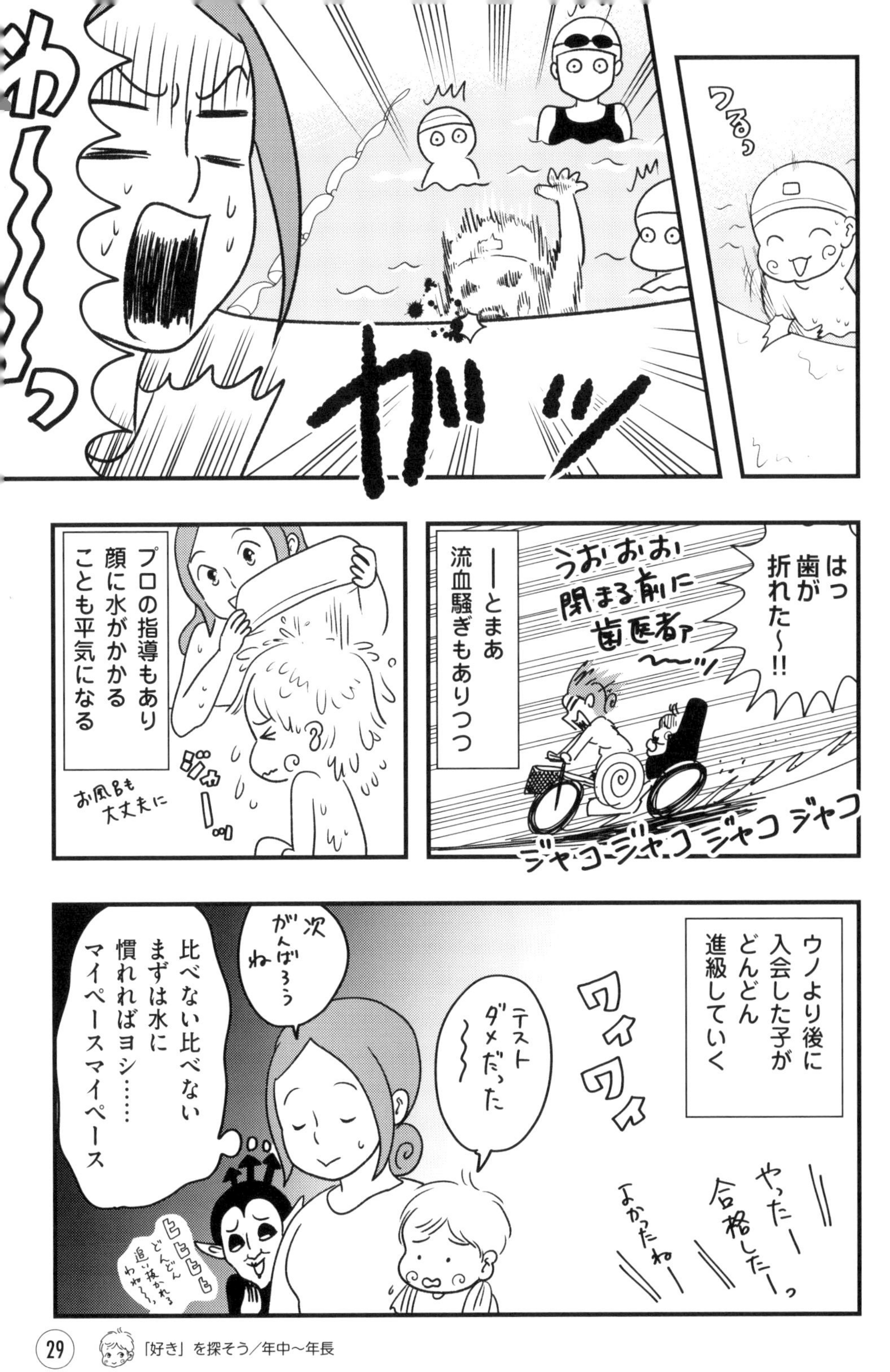

つるっ
ガッ
わ〜〜〜っ
はっ 歯が 折れた〜!!
うおおお 閉まる前に 歯医者ア〜〜ッ
―とまあ 流血騒ぎもありつつ
ジャコジャコジャコジャコ
プロの指導もあり 顔に水がかかる ことも平気になる
ジャー…
お風呂も大丈夫に
ウノより後に 入会した子が どんどん 進級していく
やったー 合格したーっ
よかったねー
ワイワイ
テスト ダメだった 〜〜
次 がんばろう ね
比べない比べない まずは水に 慣れればヨシ…… マイペースマイペース
どんどん 追い抜かれる わね〜〜っ

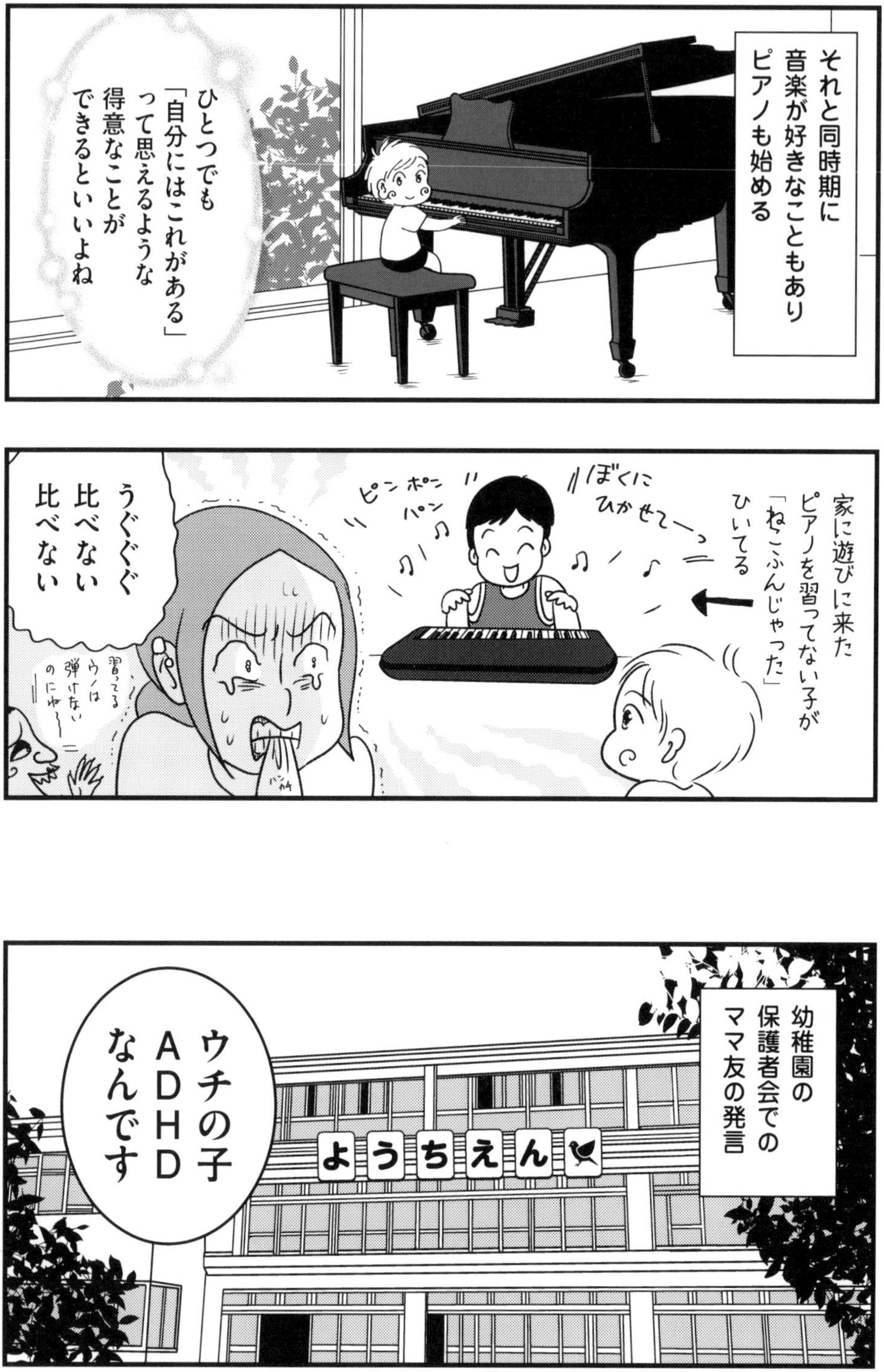
それと同時期に
音楽が好きなこともあり
ピアノも始める
ひとつでも
「自分にはこれがある」
って思えるような
得意なことが
できるといいよね
家に遊びに来た
ピアノを習ってない子が
「ねこふんじゃった」
ひいてる
ぼくに
ひかせてー
ピン ポン
パン
うぐぐぐ
比べない
比べない
習ってる
ウノは
弾けない
のにゃ〜
幼稚園の
保護者会での
ママ友の発言
ウチの子
ADHD
なんです
ようちえん

保護者会
でもこの幼稚園に入ってみなさんに良くしてもらって
毎日楽しいって言って……
ありがとうございます
うっ…
ゴメンゴメンつい涙が出ちゃった
大丈夫だよー

さよなら
バイバーイ
ようちえん
ウノくんのお母さん
ぁ先生
今体育でなわとびをやってるんですけど……ウノくんの難しいみたいで
おうちでも練習してもらえますか
なわとび表
ホラっ！こうだよ！

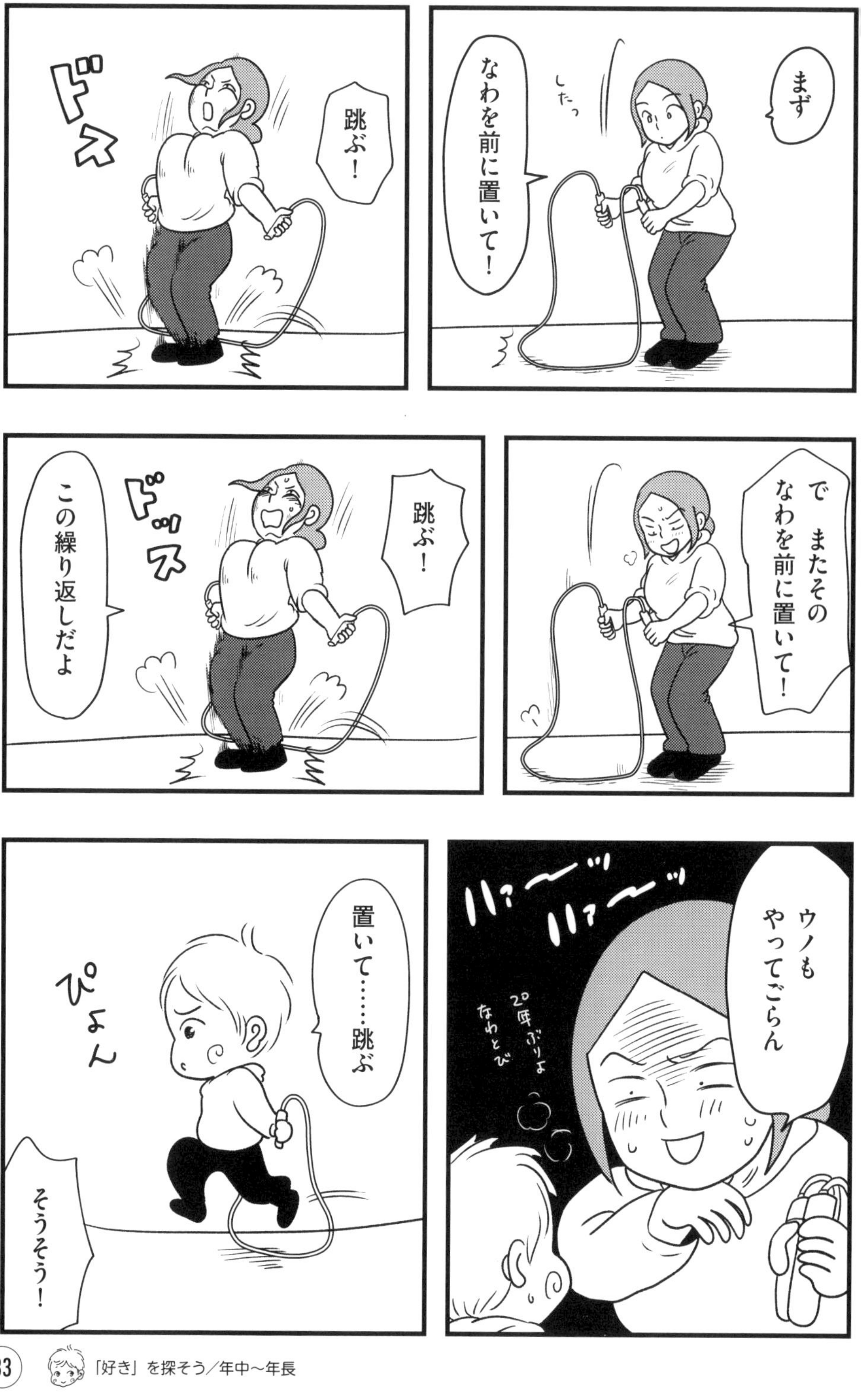
まず
したっ
なわを前に置いて！
跳ぶ！
ドス
で またその なわを前に置いて！
跳ぶ！
ドッス
この繰り返しだよ
ハァ〜ッ
ハァ〜ッ
ウノも やってごらん
20年ぶりよ なわとび
置いて……跳ぶ
ぴょん
そうそう！

それで少しずつ スピード上げて いくんだよ
ハァッ
ハァッ
ドスッ
ドスッ
べちっ
……もういい やらない
なんで!? 困るのは ウノだよ!? 5回……いや せめて3回は 跳べるように なろうよ
もう いいの
ち…… ちなみに できる子は 何回くらい 跳べるの?
○○ちゃんは 150回くらいかなあ
150回!?
ウノの 150倍ね～
ヒヒヒヒ

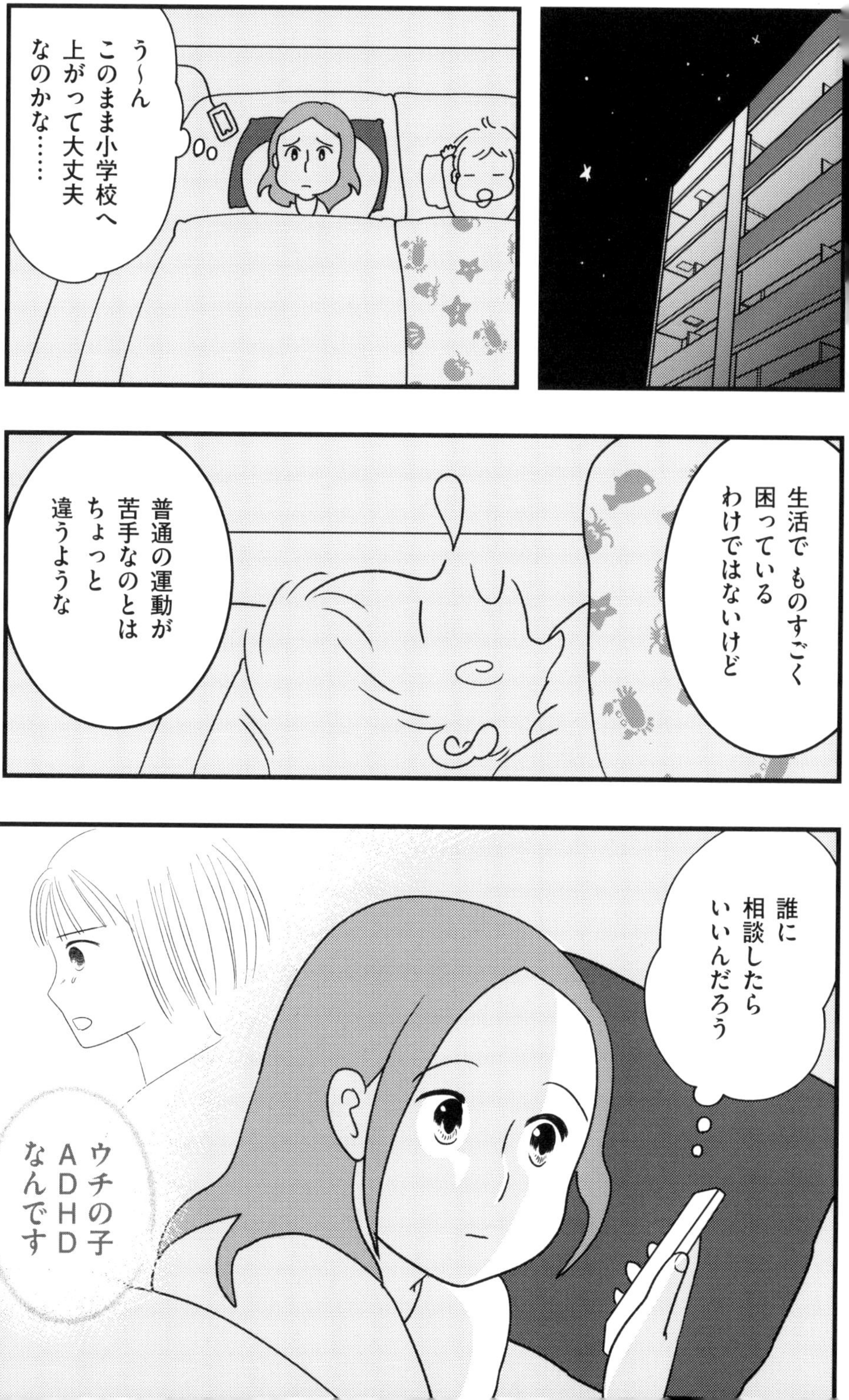
う〜ん
このまま小学校へ
上がって大丈夫
なのかな……
生活でものすごく
困っている
わけではないけど
普通の運動が
苦手なのとは
ちょっと
違うような
誰に
相談したら
いいんだろう
ウチの子
ADHD
なんです

発達障害なんて
スマホの向こう側の
話だと思っていた
身近にある
ことなんだ……
乳児健診や
○歳児健診で
保健師から
何か言われたことは
ない
発達は
順調だと
思っていた
0ヶ月からの
育児書
母子健康手帳
ウノにも
何か
あるのかも
しれない
カチャ
カチャ

うちの子運動が苦手で…
え〜大丈夫だよ〜
まだ幼稚園だもん〜
私しか違和感を持っていない
通りすがりで見たことあるから知っている
近所にその施設があることを
ウチの子ADHDなんです

ドキドキ
ドキドキ
プルルル……
プルルル……
ガタッ
はい
発達支援センターです
あのっ……
今度小学校へ上がる
息子のことなんですが……

小学校入学、前途多難
私の体感ですが……運動が他の子より2年くらい遅れていて……
手の力も弱くて困っているんです一度調べてもらいたいのですが……
あ〜次の4月で入学ですか今は1月……
発達支援センター
申し訳ありませんこちらは未就学児しか対応していないんです
はぁ今は年長ですが…

予約がいっぱいなので、今からでも取れる枠が半年後……その頃にはもう小学生になっているので診られません
え!?
じゃ じゃあ どうしたら良いですか

××区の○○病院ならご紹介できます
病院!?

伝えられた
病院を調べると
まず脳性まひの子の
リハビリに関する
ページが出てきた
発達障害も
ADHDの記載もある
〇〇医療療育病院
TOP
挨拶
各科紹介
受診される方へ
求人募集
■リハビリテーション
脳性まひを中心とした………
リハビリ?
それって
違うんじゃ……
正直に書きます

こわい……
脳性まひや発達障害の文字に怖気づきました
まず話を聞いてもらいたかった
人より運動が苦手なだけ……
力が弱いだけ……
これって筋肉の問題じゃないの？
■身体障害者の方へ
■発達障害のご相談
矛盾しているがママ友の話を聞いて電話をしたのに
まだ自分の子は発達障害じゃないと思っている
というかADHDしか知らないから
当てはまらないなーと思っている
絶対手をつなぐMAN→

今思えば
このときに病院へ
行っていたら
もう少し早く
DCDだとわかって
いたかもしれません
勇気を出して
上ったハシゴを
外された気分……
しかし
勉強不足・理解不足
だった私は
それが脳の問題だとは
思いもよらなかったため
病院へは
足が向きませんでした
わーっ
何か答えが
わかりそうな
ところ
不信
ブツブツ
たった
電話1回で
本人を診もしないで
何がわかるの？
最近
他の子との
差が顕著に
なってきたのに
小学校前に
気づくなんて
無理ゲー
ぽつん
誰にも
相談できない
誰にも
頼れない
私が
なんとか
するしかない

ここでは能力に応じて正しい体の動かし方を教えます
スポーツ教室に入りました
よろしくお願いします
Sports
楽しい～!!
キャーキャー
アハハ アハハ
ピー
よかった……気休めかもしれないけど
体を動かすことを嫌いにならなければまずヨシ
小学校で体育が嫌いになるとつらいからね……
でも
ピー
ワイワイ
ワーワー
は～仕事して家事して雨の日も風の日も送り迎え×週3……
キッツ
自転車の後ろに乗れなくなる前に自動車免許とろ…
↑すぐ とった

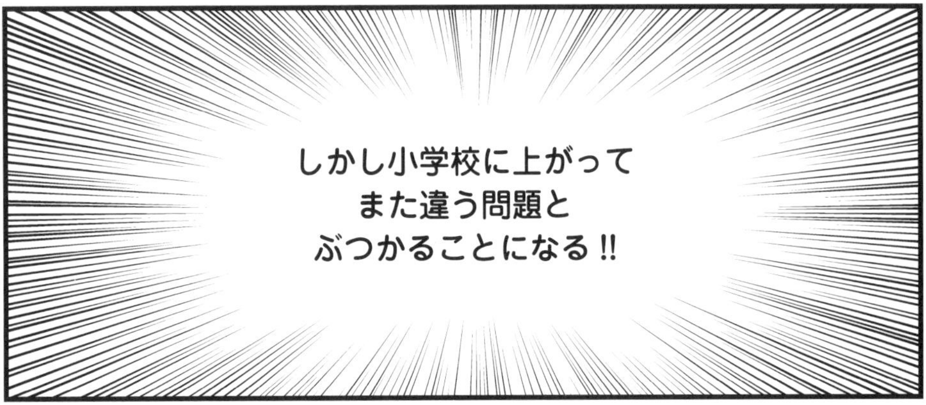
しかし小学校に上がって
また違う問題と
ぶつかることになる!!

クセ字ですね
保護者面談
書き取りの練習をしてください

え……
1年生でもうそんなこと言われるの!?
今までウノの字って特徴があってカワイイ字だな〜って思ってたのに……
わぁ!良く書けたね〜上手上手
幼稚園年長のときの字
ピあの
このひなつやすみ
えへへ〜♡
これじゃダメなの!?

みんな教科書みたいな字を書かなきゃいけないの⁉
ありがとうございました〜
みんな教科書みたいな字を書いてる‼
なつやすみのおもいで ぼくは、おばぁちゃんのいえにいきました。くわがたをとりました。
なつやすみのおもいで わたしは、なつやすみにやまにいきました。キャンプはたのしいです。
なつやすみのおもいで わたしは、かぞく プールにいきまし てんきがわるくて さむかったけど たのしかったです
なつやすみのおもいで わたしは、なつすみにうみに
どーん
これ同じ年の子が書いたの⁉うまい……!
なんなら私より字がうまい……‼

ギ
ドド
鉛筆をちゃんと持ちなさい!!
!?
先生に字をもっと練習してって言われたの
ゆっくりで良いから!四角の中にバランス良く書くんだよ!

やり直しっ!!
ビクッ

ポタ・・・
泣いたって うまく ならないんだよ
苦しい 小学校生活が始まった——

対談 1

子どものようすが気になってから、診断まで

オチョ 清水の舞台から飛び降りる気持ちで発達支援センターに電話をしたら、「小学生は診られません」と言われてしまいました。なんだか子どものようすがおかしいとはわかっていても、相談する先がなく困り果てました。

古荘 第一選択は小児科医や発達障害を専門にしている医療機関がいいと思います。各学会で専門医制度がつくられており、誰がなんの専門分野を持っているか調べることができます。ただ、かかる先生と保護者や子どもの相性、通えるかといった距離の問題もありますから、時間とエネルギーはかかりますが、3人くらい気になる先生にアプローチするのがおすすめです。

オチョ かかりつけ医や学校の先生はどうでしょう?

古荘 かかりつけの先生でも診てくれる人はいますが、不登校や神経系の問題になると診られませんと断る医師も多いようです。学校は担任の先生、特別支援教育コーディネーター、スクールカウンセラーなどさまざまな面から子どもをフォローする体制ができつつありますが、保健の先生に話してみるのはどうでしょうか。保健室にはさまざまな困りごとを持った子が相談に訪れますので、DCDの知識がなくても悩みは聞いてくれたり、親身に相談にのってくれることが多いです。

オチョ DCDと診断するためにはどんなことを調べるのですか? 私が子どもの状態を見る限り、筋肉が弱いなど、体の使い方の問題だろうと思っていました。乳幼児健診や就学時健診でもなぜ不器用なのかがはっきりわからず、悶々としたことを覚えています。

古荘 ICD-11(国際疾病分類の第11回改訂版)のDCDの診断評価項目です。判断するためには、子どもの担任の先生にふだんの生活の態度を書いてもらったりと、エピソードを聞き取ることが重要です。

DCD の定義

発達性協調運動障害は、粗大運動能力と微細運動能力の獲得の大幅な遅延と、運動能力のぎこちなさ、遅さ、または不正確さとして表れる協調運動能力の獲得障害で特徴づけられる。協調運動能力は、個人の暦年齢と知的機能のレベルを考えると、期待されるよりも著しく低い。協調運動能力の困難さは発達期に起こり、通常は幼少期から明らかである。協調運動能力の困難さは、日常生活活動、学業、職業及び余暇活動などにおいて、重大かつ持続的な支障をきたす。協調運動能力の困難さは、神経系の疾患、筋骨格系または結合組織の疾患、感覚障害のみに起因するものではなく、知的発達症によってより適切に説明されるものではない。

(ICD-11より筆者翻訳)

DCD の診断要件

必須事項

- 粗大運動または微細運動能力獲得の大幅な遅延、及び運動能力のぎこちなさ、遅さ、または不正確さとして出現する協調運動能力の獲得障害。
- 協調運動能力は、年齢で期待されるそれよりも著しく低い。
- 協調運動能力獲得の困難さは、発達期に起こり、通常は幼少期から明らかである。
- 協調運動能力の困難さは、日常生活活動、学業、職業及び余暇活動、またはその他の重要な機能領域に重大かつ持続的な制限を引き起こす。
- 協調運動能力の困難さは、神経系の疾患、筋骨格系または結合組織の疾患、感覚障害、または知的発達症によって十分に説明されない。

(ICD-11より筆者翻訳)

(注) ICD は WHO(世界保健機関) が作成する、世界各国の医療分野で使用されている疾病統計分類。2019 年に 11 回目の改訂が WHO 世界保健機関で採択、2022 年に発効されて ICD-11 となった。

古荘　診断基準に、どの検査を受けてその結果がなんだったら当てはまるという記載はありません。日本では、他の発達障害のように使えるチェックリストもありませんし、そもそも診断はチェックリストで行なうものではないのです。

オチョ　病院のスタッフの方から何度か物忘れや整理整頓に関して聞かれました。なぜそのような質問が多かったのでしょう？

古荘　かかった病院は発達障害を専門にされているところでしたか？

オチョ　そうです、発達外来です。ＤＣＤという単語では病院が見つからなくて……。

古荘　外来の先生はおそらく、発達障害との併存を診ているのだと思います。とくにＬＤやＡＤＨＤ、ＡＳＤがあるかどうかは診断のうえで重要なことですので、心理検査もとるかもしれませんね。

オチョ　病院でＷＩＳＣを受けました。実際どんなことをしたのかわからなくて検査を受けた意味はあったのかとも思ったのですが、内容は教えてもらえないのでしょうか？

古荘　心理検査は練習をしてしまうと正確な評価が出なくなってしまうため、内容は公開されていません。ＩＱの総合の値だけでなく、構成する項目にはばらつきがあるのかなども参考になります。

オチョ　ウノは聴覚優位であることがわかっています。親にとっては何がわからないのかわからない状態で、生活しやすくなるようにヒントがあれば……と思って受けたので、結果が共有されず驚きました。

古荘　ＩＱ検査で苦手なところがわかっても、どう対処するのかは記載されていません。ＤＣＤの方は一般に、視覚情報の処理に困難があると思います。協調運動を行なうには、視覚情報を的確に把握することが必須だからそれが不器用さに表れているのかもしれません。運動の指導を行なうときに、細かく言葉がけを行なうと、よいかもしれません。

オチョ　そうなんですね。ありがとうございました。

解説 2

DCDに気づくきっかけは？

DCDの有病率についてWHOの診断概念では、5～11歳の子どもの5～6％だと言われ、最大10％の子どもにDCDの可能性があり学業や社会的機能に影響を与えかねない可能性を指摘しています。ADHDやASD、LDなど他の発達障害と合併することが多いとされ、併存した症状で気づかれることがあります。

そのような場合は、残念ながら、他の発達障害への対応が優先されてしまいがちです。しかし、運動機能の不具合は70％以上の割合で青年期以降も持続するとされているため、発達障害の子どもには運動機能の評価も合わせて行なう必要があります。

幼児期には滑舌《かつぜつ》が悪い、姿勢を保てない、食べ物の飲み込みがうまくいかない、など一見運動とは関係ない症状が見られることもあります。歩行がぎこちない、顔をうまく洗ったり拭いたりできない、ブランコや滑り台で遊べない、お遊戯ができない、といった困りごとから気づかれるケースもあります。

学童期には、靴ひもが結べない、着替えや身支度に時間がかかる、ボタンが留められないなどの生活習慣の問題、球技が苦手、泳げない、なわとびができないなど体育の苦手さ、そして、文字がうまく書けない、楽器の演奏が苦手、作図や筆算、工作など、すべての授業の教科に不器用さが見られることもあります。

外遊びって、しなくちゃいけないの？

はい 現野《うつの》です
1の2の担任の森です
実は今「外遊び月間」で児童全員が休み時間に外遊びをする決まりになっているんですが
ウノくんが嫌がって教室から出ないんです
児童全員が外に出るのに
ウノだけ出ないの!?
みんなはできてるのにウノだけ？
ヒヒヒヒ

理由を聞いても教えてくれないので
お母さんからも聞いてみたり外遊びを勧めてください
ハイ……
カチャ…
し……
心配だ～～～
ヒヒヒヒ
ウノだけ集団行動できないのね
つん つん…
初めて担任から電話をもらい混乱した
ただいま～
あれ 早かったね
おかえり
うん……

俺は鬼ごっこがしたいのに
みんながサッカーするって言うから帰ってきた
あ〜〜〜
全部ウノの希望通りにはならないよ
相手があることだからね
ヒーン ヒーン
俺ボール上手に蹴れないよ〜
これか〜…
身体能力の差が大きくなってきて上手く周りと遊べないのか
ヒーヒーン

この頃から友達と遊んでいてもすぐに帰ってくるようになる
ただいま！
あれっ今日も早いね
うんケンちゃんがいじわるするんだ
笑いすぎるとオシッコ漏らすからって
やめてって言ってるのにしつこく笑わせようとしてくるんだ
だから怒って帰ってきた
あのヤロ〜〜〜
そりゃ怒って当然だ

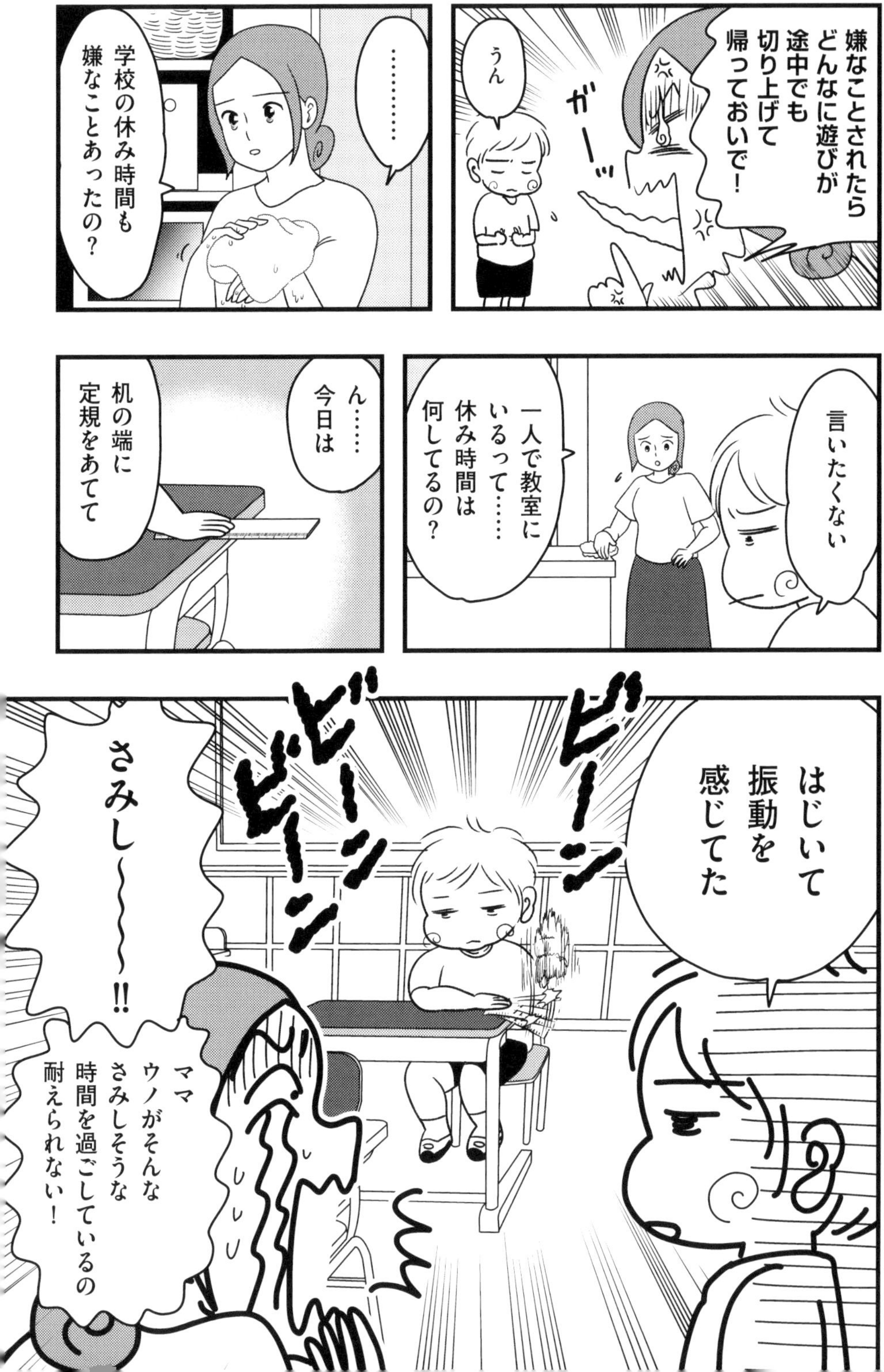

嫌なことされたら
どんなに遊びが
途中でも
切り上げて
帰っておいで！
ガーーッ
うん
…………
学校の休み時間も
嫌なことあったの？
言いたくない
一人で教室に
いるって……
休み時間は
何してるの？
ん……
今日は
机の端に
定規をあてて
はじいて
振動を
感じてた
ビーーン
ビーーン
ビーーン
さみし〜〜〜〜!!
ママ
ウノがそんな
さみしそうな
時間を過ごしているの
耐えられない！

ウチの子も外遊びしてないよ
え……本当?
うん担任の先生おおげさだよ
ウチの子だって靴履くの遅くて
準備してる間に休み時間終わるって!
あはは!
そんなに気にしなくて大丈夫だよ~
みんなそれぞれだよ~
それぞれかぁー
ママ友はいつだって大丈夫と言ってくれる
自分が逆の立場だったらきっと同じことを言うと思う
でもやっぱり心配でモヤモヤは晴れない

ただいま〜
さっき電話あってさ
スーパー
スーパー
ウノが警察に保護されたって
え!?
友達と自転車で遊びに出たものの
遠くの公園行こうぜーっ!!
ドドドドド
チリーン
あっ待ってー!!
スピードについていけず迷い
? ? ?
助けて〜
コンビニ
コンビニに助けを求めたって
ブーン
POLICE
お間違いありませんか〜
ただいま〜
スミマセンスミマセン
お世話になりました

はあ〜っ…
パトカーに乗っちゃった♡
えへ♡
んも〜っ気をつけてよ〜〜っ
ごめんなさーいっ
それからは自転車では無理せず遠出の誘いは断るようになる
みんなと対等に遊びたいよね……
そして時は流れやってまいりましたコロナ禍!!
アルコール除菌

休校 テレワーク
ステイホーム……
生活様式が
ガラリと変わり
うおーっ!!
そこだ
行けーーっ!!
放課後の
友達付き合いも
一変した
まだ早いかも……と
見送っていた
オンラインゲームを
前倒しで導入
よっしゃ オレの勝ちー!!
アハハ
アハハ
他のおうちも
そうだったようで
ウノは得意なゲームで
友達と対等に
遊べるようになった
よかった
居場所が
できた
そして少しずつ
休み時間の
外遊びも
できるようになってきた
お母さん
やりましたよ!!
わざわざ担任からTELくる
わ〜〜〜っ
キャハハハハッ
ジョァーーーッ!

もう！困った癖だねぇ！
ごめんなさい…
掃除する身にもなってよね！
この時点で近所1件小児専門1件と泌尿器科を2件受診するも原因不明だった
ズボンは自分で洗って！
腎臓・膀胱には問題ありませんねぇ
小児泌尿器科の先生
エコー
更年期の女性がよくする尿漏れ防止筋トレをしてみて
ハイ尻しめて!!
ギュッ!!
こんな筋トレ続けられず
これから修学旅行とか楽しい行事があるのにどーすんだよ
あっそういえば
学校の外遊び
禁止されたんだよ

えっ⁉
………コロナで？
うん
あんなに遊べって言われて……
やっと少しずつ出れるようになったのにねぇ……
教室でアニメが流れてたりトランプしてOKだって～
ラク～♡
いやわかるけども‼不測の事態だから‼
でも遊べって言ったり遊ぶなって言ったり学校の言うこといちいち真に受けてたら疲弊するだけだな‼
——と思うオチョであった

おまけまんが

成績悪いのはDCDのせいだけじゃない

音楽が得意！自信がある息子
合唱がとくい
ラー
ピアノも5年続けてるし学校でも褒められる
↑腕前はともかく継続はかなり
でも成績が悪かった
えっ音楽が「もう少し」？
ぼくもさー自信あるのになんで？って
あゆみ
別の日
コロナだけど笛の授業あったの？
おっリコーダー
あーあったよ
1ケ月ほったらかしのランドセル↓
でもハンカチ持ってないと吹いちゃダメ！って言われていっつも忘れてたから1学期1回も吹いてない
1学期終わってから言うなよ
それだよ
あはは

シャツのすそ

古荘先生の本を読んで
えっシャツのすそをズボンにしまえないのもDCDだからなの!?
DCD
ただ単にだらしない人なのかと思ってた
ひどくね？
ずんだれ〜
じゃあやり方教えるよ
こうやってズボンを下げたらシャツを下にピンとひっぱってー
何回も教えてるけど
ピン ピン
こう!!
痛い!!

限界
ウノ3年生
保護者待合室
私は疲れ切っていた
ピピ
はいもう一回走るよーっ!!
キャハハハー
バタバタ…
デザインの仕事
夢だった漫画家への再挑戦
家事育児
習い事の送迎
宿題のチェック
PTA
キャパシティはいつもパンパンで抱えきれないほど
その手からまずこぼれ落ちたのは

夫は始発で会社に行くので頼れない

明日の準備
これくらいは自分でできるでしょ!!
えーー
もう3年生なんだから
みんな自分でやってるデショッ
アラアラ「みんな」できているのにウノはダメね～
できなかった
忘れ物C!
整理整頓C!
おまけに人の話を聞くC!
生活態度でCなんて初めて見た
あゆみ
学

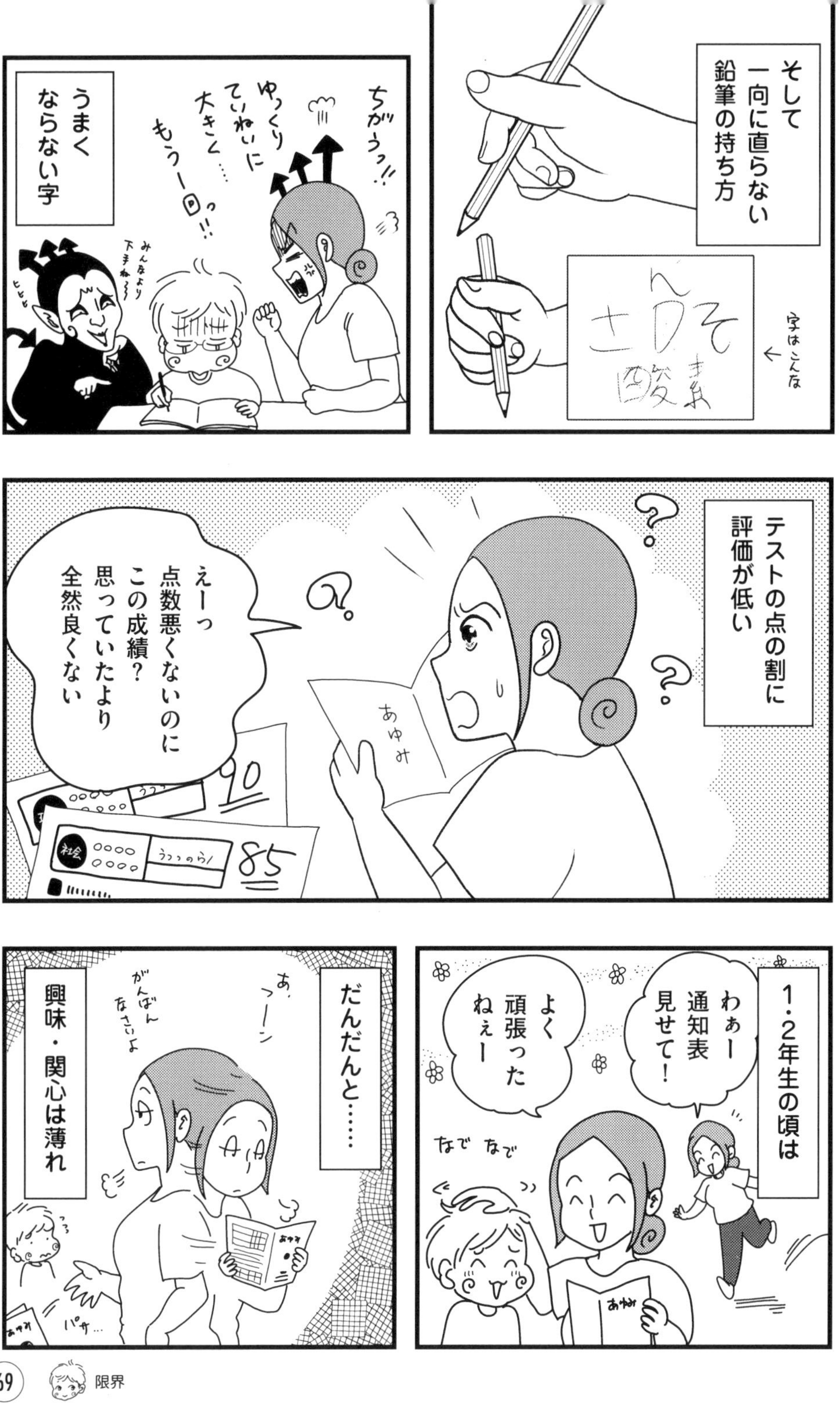
そして一向に直らない鉛筆の持ち方
字はこんな
うまくならない字
ちがうっ!!
ゆっくりていねいに大きく……
もうーっ!!
みんなより下手ね〜
ヒヒヒ
テストの点の割に評価が低い
えーっ点数悪くないのにこの成績?思っていたより全然良くない
あゆみ
社会
85
1・2年生の頃は
わぁー通知表見せて!
よく頑張ったねぇー
なで なで
あゆみ
だんだんと……
興味・関心は薄れ
あ、フーン
がんばんなさいよ
パサ…

わたしたち親子は
学校に対する
モチベーションを
完全に失っていた
だら だら……
理解していても
評価されない
頑張るだけ
ムダ

それに伴い
成績も落ちる
A
B
C
まさに
負のスパイラル

学校イヤだなー運動会もイヤだなぁー
えっ コロナで ダンスと 徒競争だけに なったのに？
足遅いもん
スポーツ教室行ってるんだからさ！
習った走りかたでやってごらんよ
こう ちょっと倒れるようにかまえて
倒れまいと足が出る
そのくり返し
息をグッと止めて！前をしっかり見て
てててー
1番にならなくてもいいけど一生懸命走ろうよ！
う〜ん……
運動会当日
ヨーイ…ドン!!

よそ見して
笑いながら
走ってる!!
教わったこと
頭から
スッポ抜けてる
こないだ
教えたのに
このとき
笑顔のウノを見て
私は

ああ
もう頑張れないなぁー
と思った

笑顔で
ニコニコしている
このままの
かわいい
ウノでいいじゃん

運動が苦手とか
字が下手だとか
成績が良くないとか
元気で笑顔で
育ってる
十分じゃない

ぼくはゲームを
ちゅくるひとに
なるんだよ
夢に少しでも
近づけるよう
手助けがしたかった

でもウノが
自分で頑張ろうって
思わないと
どんなに
私がもがいても
これ以上
ウノを良くして
あげることなんて
できないって

心が折れた

ウノは4年生になった
ただいま～
おかえりー
私は漫画家へのチャンスを掴んだこともあり自分のことに没頭していた
そしてデビューのきっかけになったツイッターをしょっちゅう見ていた
だらだら…
ん……
DCD
DCD……？

がばっ
え……
ちょっと
これ……
ウノのことじゃん

これだ!!
ウノは
これだったんだ!!
発達性協調運動障害とは？
×ハサミがうまく使えない
×消しゴムをうまく使えない
×書字が下手
×ボタン留めが苦手
×ひもを結べない
×箸、食べこぼす

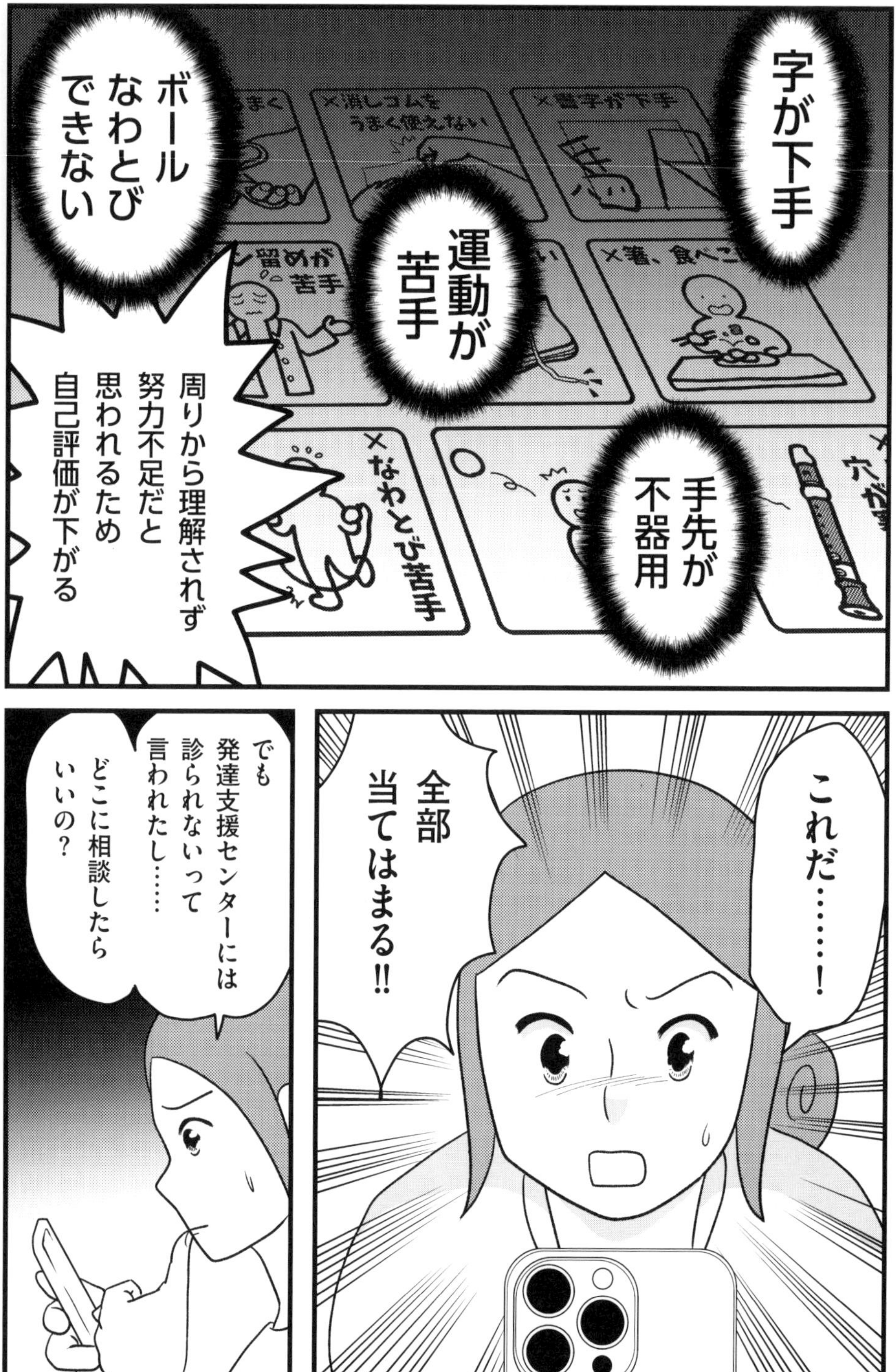
字が下手
運動が苦手
ボール なわとび できない
×消しゴムを うまく使えない
×なわとび苦手
手先が不器用
周りから理解されず 努力不足だと 思われるため 自己評価が下がる
これだ……！
全部 当てはまる!!
でも 発達支援センターには 診られないって 言われたし……
どこに相談したら いいの？

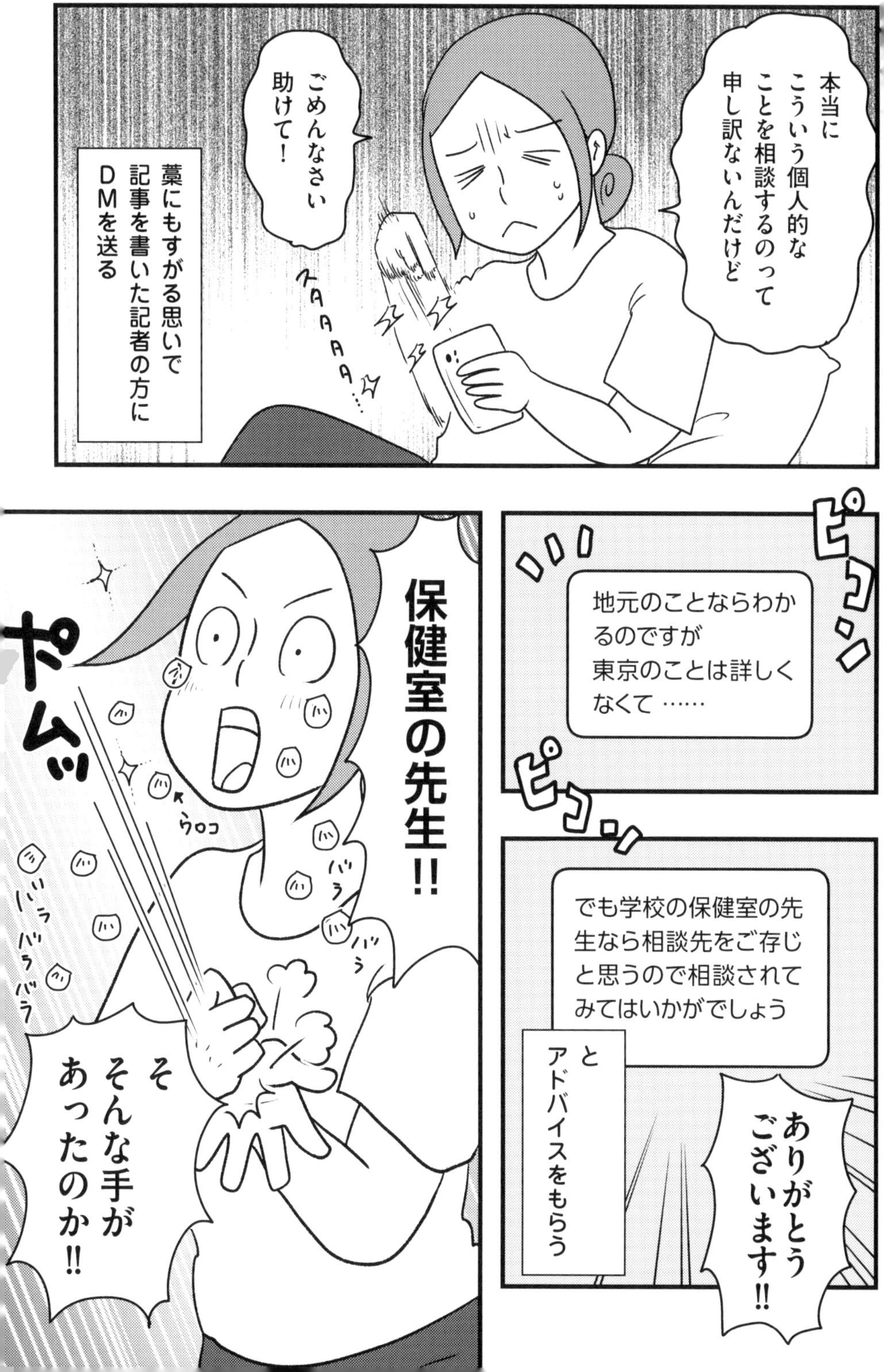
本当に
こういう個人的な
ことを相談するのって
申し訳ないんだけど
ごめんなさい
助けて！
藁にもすがる思いで
記事を書いた記者の方に
DMを送る
ピコーン
地元のことならわかるのですが
東京のことは詳しくなくて ……
ピコーン
でも学校の保健室の先生なら相談先をご存じと思うので相談されてみてはいかがでしょう
と
アドバイスをもらう
ありがとう
ございます!!
保健室の先生!!
ポムッ
ウロコ
そ
そんな手が
あったのか!!

さっそく個人面談のときに担任の先生経由で手紙を渡してもらう
個人面談
DCDというものがありまして……
4年担任←
先生
いつもお世話になっております。
4-2の現野ウノの母です。
生は、「発達性協調運動障害（DCD）」を
存じですか。
も最近インターネ
ですが、当てはま
字が上手く書け
手、ひもが結べない
などでどこか相
をご存じでしたら
だきたく思い手紙
せていただきまし
小学校に上が
区のこども
たのです
ないと断
性協調運
最近まで
が、筋

すぐに返事をもらう
ありがとうございます!!
教えてもらった教育センターに連絡するも病院にかかってくださいとのこと
病院 行ってね
メールでやりとり
現野 様
手紙をいただきありがとうございます、
DCDは知っています。相談できる機関を知りたいと
こちらの検査は本校でも多くのお子さまが受け、
から支援方法を検討し、学校・家庭と連携をと
ている病院ですと、
ろいろな機関があり遠

発達障害？
うん DCDって いうのが あってね……
――で ウノがそれだとして
どう付き合っていけば 生活しやすくなるか
少しでも 生活のヒントが もらえればと 思って……
笑いすぎて 漏らしちゃう 原因も わかるかも しれないし
フーン……
今はなんでも 病名つけて
昔から そういう子って いくらでも いたのに

昔からいた「そういう子」たちのしてきた悲しい思いや苦労をウノにも経験させずにすむかもしれないじゃない
でも今までのモヤモヤの答えがわかるかもしれないから
あのとき行けばよかったって思いたくないし
ウノの人生がもっと明るいものになるかもしれないから
私は病院に行くよ

対談 2

学校生活での困りごと

オチョ　53ページに視覚情報の処理に困難があるという話が出てきます。視力に問題があるのでしょうか?

古荘　視力とは別に、見え方が違う子がいます。しかし見え方だけを追求していくと、LDの診断に寄っていく可能性もあります。

オチョ　ウノは本はすごく読むのに、作文が書けないんです。

古荘　だとすると……読んで理解することは問題なくて、文章の組み立てよりも書字が問題という可能性もありますね。パソコンは使えますか?

オチョ　パソコンだとものすごく速く書けます!

古荘　それなら、書くことの苦手さがあるのかもしれませんね。実はDCDの中には滑舌《かつぜつ》が悪い人もいて、これには協調運動（26ページ参照）が関係しています。一見運動の問題に見えない、書字、会話、食事（飲み込むこと）なども協調運動に該当します。

オチョ　学校生活のうえで何かと苦労が多い息子ですが、漢字やアルファベットのテストで減点されて、親の私も心が折れそうでした……。

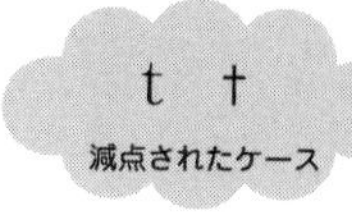

減点されたケース

古荘　これはDCDやLDの方によくある話です。書写でもない教科で日本語の文字としての美しさを求めたり、配当学年の漢字で書いていないからと×をしたり、はねやはらいにこだわる先生がいます。その結果複数の科目で、理解できているし正答なのにもかかわらず、減点されてしまうのです。

オチョ　育児中の人たちも、SNSで学校のきびしすぎる減点に、「なんの意味があるのか」「せっかく理解していても減点される(涙)」と議論になっていました。

古荘　子どもは減点されたテストを見ると、当然意欲をなくしていきます。このように、たとえできている分野があっても、書字で巻き添えをくって勉強嫌いを加速させてしまうおそれがあります。

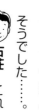

解説 3

家族や学校を味方にするためには

ＤＣＤは、発達障害の１タイプで、育て方の問題や本人の努力不足ではありません。学校関係者にも、発達障害であることを明確に伝えましょう。「診断がついたところで、治療法はない」と悲観してしまうかもしれませんが、学校では合理的配慮（１０５ページ参照）を求めることができます。配慮や支援を受けられれば、子どもたちの生活の質やものごとへの意欲は変わっていきます。また合併しやすい不安や不眠に対しては、医療的な支援を受けることができます。

学校の先生の理解も対応もさまざまです。担任に相談しても変化がないときは、学年主任や、養護教諭、そして副校長、校長など、2〜3名に相談をしてみましょう。頭ごなしの相談ではなくステップを踏むことで新たな展開が開けるかもしれません。

学校の先生や、親戚を含めた家族の人の中には、自分の経験を尊重し、他者の意見や書籍からの情報をさほど尊重しない人もいます。できないのは甘えだ、などと「根拠のない精神論」を唱えがちです。そのような人に振り回されないことです。ＤＣＤの子どもたちにも、文章よりも漫画や動画を使って伝えると、また違った反応があるかもしれません。

ＤＣＤの子どもを支援するには医学的な知識に基づいて、本人の困りごとを理解し、対応することが必要です。そのためにこの本が役に立てば幸いです。

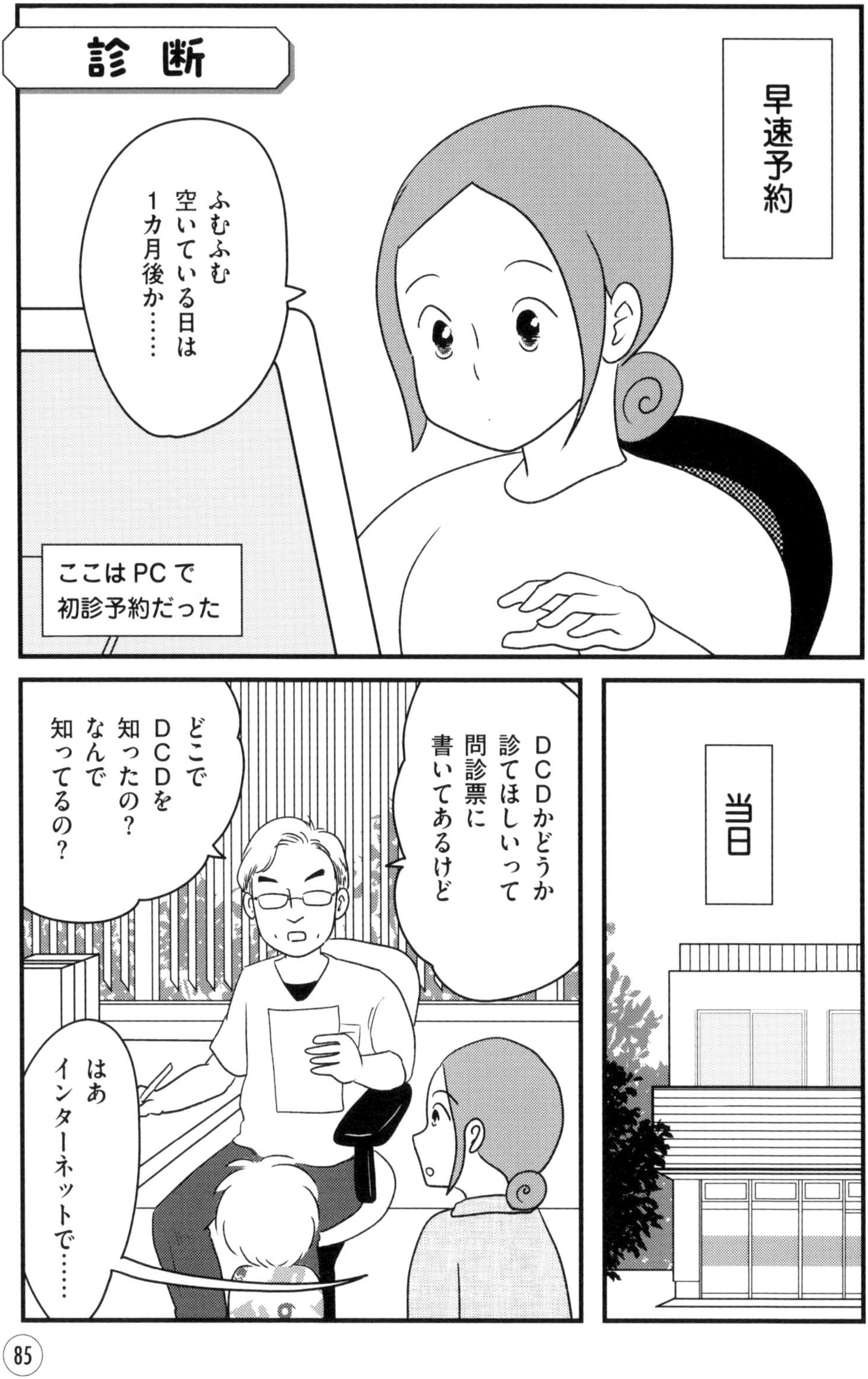
診断
早速予約
ふむふむ 空いている日は 1カ月後か……
ここはPCで 初診予約だった
当日
DCDかどうか 診てほしいって 問診票に 書いてあるけど
どこで DCDを 知ったの？ なんで 知ってるの？
はあ インターネットで……

まだまだ広く知られていないのでDCD単体で相談したのは珍しかったようだ
それを知ってどうするの？
あ……もしもそうだとしたらもっと生活しやすい方法を見つけられるかと思いまして……
忘れ物はよくする？
整理整頓は苦手？
……？
まぁ…はい
フーン……
……？

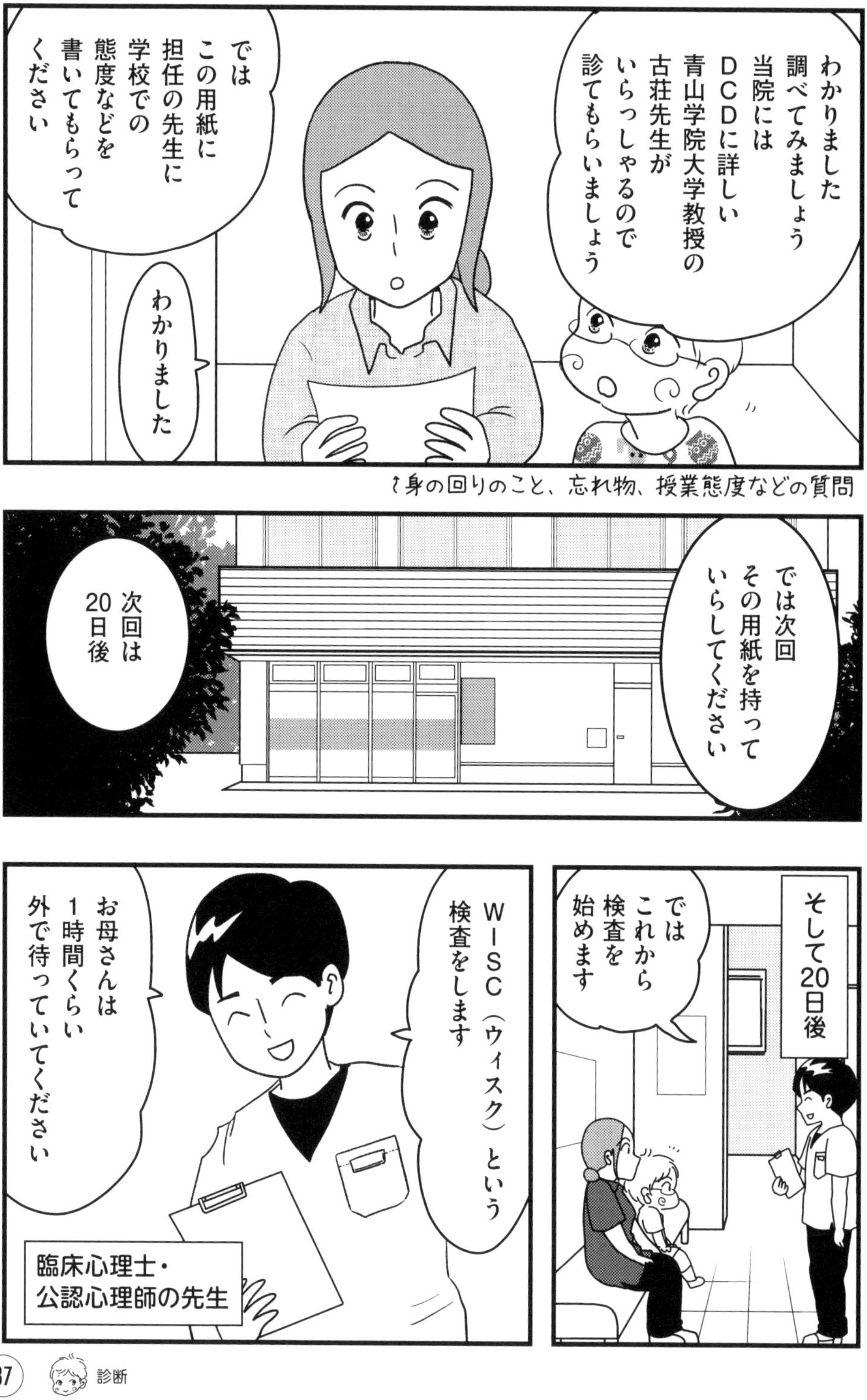
わかりました 調べてみましょう 当院には DCDに詳しい 青山学院大学教授の 古荘先生が いらっしゃるので 診てもらいましょう
では この用紙に 担任の先生に 学校での 態度などを 書いてもらって ください
わかりました
↕身の回りのこと、忘れ物、授業態度などの質問
では次回 その用紙を持って いらしてください
次回は 20日後
そして20日後
では これから 検査を 始めます
WISC（ウィスク）という 検査をします
お母さんは 1時間くらい 外で待っていてください
臨床心理士・公認心理師の先生

じゃあ
行ってきまーす
？
？
？
しかたないから 近所で ショッピング
？
――というわけで
何を・どんな
テストをしたのか
全くわかりません!!
おいおい!!
そこが知りたくて
この本
読んでるんだよ
読者の方々
で
ですよね～
ここがキモ
ですよね
ということで　これだと
この本の意義がないので
監修の古荘先生にお伺いしました

まずDCDの診断は問診をもとに行ないます
検査法もありますが日本では評価が確定しておらず診断の必須要件でもありません
※ DCD の定義と診断要件
→ 52 ページ参照
青山学院大学教授
小児科（精神科）医
古荘純一先生

忘れ物の有無や整理整頓、WISCはADHDやASDとの併発があるかどうかの確認です
学校の先生への質問状も同じ理由です
医院によって方針が違うので診断方法は変わることがあります

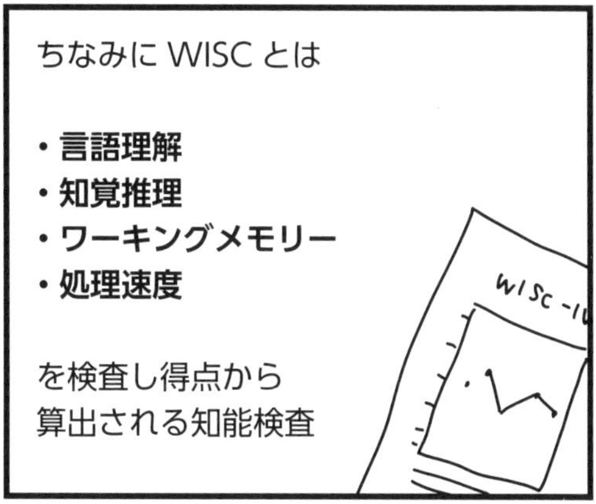
ちなみに WISC とは
・言語理解
・知覚推理
・ワーキングメモリー
・処理速度
を検査し得点から
算出される知能検査
WISC -Ⅳ

WISCは練習してしまうと意味がないので内容をお知らせすることはできません

……で
WISC終了
ありがとうございました!
どんなテストだったの?
う〜ん なんか 積み木やったり パズルみたいな?
でも 楽しかった!!
なんて参考にならない感想なんだ!!
後日 WISCにて インプットはOK アウトプットは苦手 との結果がでる
というわけで予約から診断まで丸々3カ月かかりました
3月初旬予約
↓
4/2 問診
↓
4/22 WISC
↓
5/24 診断
医院によってはもっとかかる場合があります

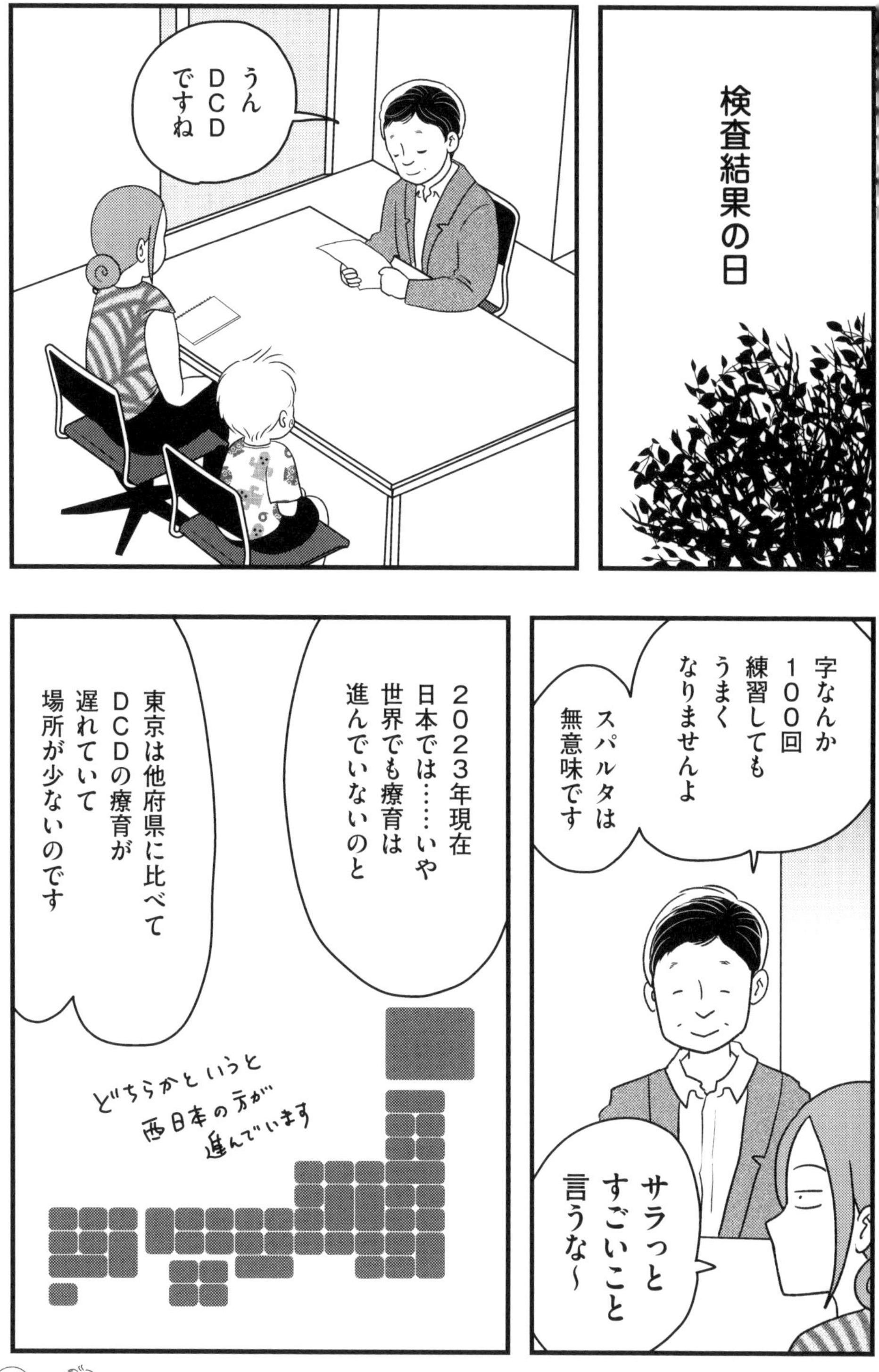

検査結果の日
うん DCDですね
字なんか100回練習してもうまくなりませんよ
スパルタは無意味です
サラっとすごいこと言うな〜
2023年現在日本では……いや世界でも療育は進んでいないのと
東京は他府県に比べてDCDの療育が遅れていて場所が少ないのです
どちらかというと西日本の方が進んでいます

そして ウノくんは いじめ うつ 不登校などの 二次障害が 出ていないので
これからも 自分達で 工夫して やっていって ください！
ニッコリ
まあ 様子見 ってことで
でたー様子見ーー!! 病院あるあるじゃん！
様子ってどう見たらいいんですかあー
わかんねーよ〜

この結果を学校に伝えて合理的配慮をしてもらってください
板書が間に合わないようならタブレットで撮影するとか使いやすい文具に変えるとか
合理的配慮っていうのか
図工や家庭科などの課題を持ち帰ってよいか　など
診断書が必要なら書きます
メモ メモ
あとはこの本がおすすめだから読んでください
推せん文書きました
イラストでわかる
発達性協調運動障害
DCDの子どものサポートガイド
不器用さのある子の「できた!」が増える134のヒントと45の知識
『イラストでわかるDCDの子どものサポートガイド』
あの……ちなみに笑いすぎてオシッコを漏らすのは関係ありますか?
断言できませんがそうでしょうね
脳神経の問題ですから

いくつかそういった事例も耳にしていますがまだまだ研究中でこれからわかっていくことなのではっきりと断言はできないのです
そうですか……
診断はおりた
でも覚悟していたとおり診断されたからって魔法のようにすぐに解決するわけじゃない

でもこれで
わかった
治るものじゃ
ないんだ
普通の方法で
何回練習しても
できるように
ならないんだ
工夫が必要なんだ
考え方を変えるんだ
運動を嫌いに
ならないように
スポーツ教室や
水泳教室に入ったのも
得意を見つけようと
ピアノを習ったのも
間違いじゃなかった
無駄じゃなかった

もしかしたら
ウノがもっと
暮らしやすくなる方法が
見つかるかもしれない
別の日の放課後
ただいま〜
帰り道
友達とおしゃべりして
大笑いして漏らした
え〜
けど
バレなかった!!
バレなければ
ヨシ!!
ズボンとパンツは自分で洗えよ!!
治らないと
わかったので
漏らしても
怒るのを
やめた!
ズボンも漏れが
目立たぬ色にし
ゲーム中は
尿漏れパッドを
使用したりして
笑ション問題は
ひとまず収束
した
……のか?

DCDの特徴だけ気をつけていればいい？

オチョ 53ページで併存というお話がありましたが、DCDだけを持っている子はいるんでしょうか？

古荘 ICD-11（国際疾病分類の第11回改訂版）によると、DCDは他の発達障害と通常合併すると書かれています。他の文献をあたっても70％くらい合併するという報告もあります。発達障害が一般的に認知されるようになって、ADHDやLDの特性に隠れてしまっていたというのはあるかもしれません。お子さんはDCDだけだとすると、少ないタイプかもしれませんが、最大30％の人がDCDのみのようです。

オチョ そんなに重なるものなんですね！

古荘 DCDの症状がわかっても、合併しているものをきっちり診断する必要があります。

DSM-5（精神疾患の診断・統計マニュアルの第5版）が公表される以前は、より支援が必要になるものにまとめるという方針があり、たとえばASDがあっ

DCDとその他の発達障害の重なり

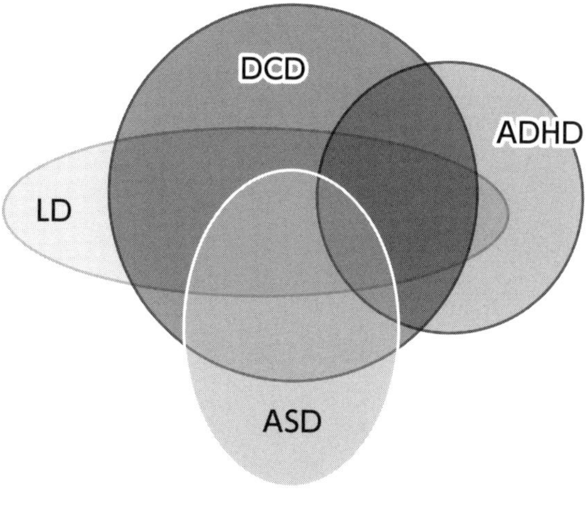

たらそちらを優先して支援するという方向性がありました。ASDの中には不器用なタイプもいることが知られています。未診断のまま、協調運動の苦手さが大人になっても残り、成人期になっても苦労がつきまとうと言われています。

オチョ　昔からこういう子はいたんだから、診断はおおげさじゃないの？　と家族にも言われました。先生は数多くの患者さんを診ていてどう思われますか？

古荘　「今はなんでも病気にしたがる」という批判は精神科医なら慣れっこかもしれません。でも結局、診断名をつけないと支援につながらないんですね。他の発達障害当事者・ご家族の方は身にしみておわかりかと思いますが、診断が配慮につながる唯一の方法だといっても誇張ではないのです。

オチョ　たしかに、私がいくら「ウノがつらそうだから」と周囲に訴えても、根拠が説明できなかったり、原因もわからなかったりして漠然と言われたら先生も困るのかもしれませんね……。

古荘　本人や家族がなんの後ろ盾もなく「体育のダンスがつらいんです」「黒板を写すのをやめて、写真を撮ってもいいですか」と学校に相談しても、先生は「他の子たちはやっていますし、特別な理由がないと配慮はできません」と言われてしまう可能性が高いと思いませんか。

発達障害は身体的な疾患とは違って、完治するような性質のものではなく、ライフステージごとに支援につなげていく必要があります。その支援を途切れず継続することが、診断をもらう大きな意義だと考えています。就学時にはADHD、中学生でASD、就労時にDCDと診断されても、必要な工夫をしたり、助けてくれる人とにつながることが大事なのだと思います。

オチョ　では、おかしいなと思ったら悩んでないで病院に行った方がよさそうですね。

古荘　そうですね。そこで遠慮せず、相談できる人を見つけることが大切です。いい先生に出会うことも大切です。DCDとして長い経過があれば、配慮申請のために協力してくれる医師もいることでしょう。

孤軍奮闘を覚悟するも

なるほど！DCDというのがあるのですね！
今はなんでも病名がついて……
昔からこういう子はいますけどねぇー
5年生の担任
春野先生
ああ私がおおげさに心配して騒いでるみたいだ
ハァ…
そうよ昔からいるのにおおげさよ

3月生まれ
ということを
考慮しても
小さい頃から
他の子より2年は
遅れているように
感じていまして……
掲示物を見ても
みんな字が
上手だし……
DCDの子どものサポートガイド
上手じゃ
ない子も
います
工作だって
みんな器用に
作ってあって……
そうじゃ
ない子も
います

現野さん

大丈夫
ですよ！

み～んな言わないだけで
いろいろありますから！

そうか……
聞いた？
よその子の良いところばかり目についていたけど
ウノにも同じように良いところがあって
逆に目につきにくかったけど
ウノに苦手なことがあるように
よその子にも苦手なことがある
本読むのスキ
本キライ…
Book
そしてどこの親もみんな少しでも子どもに良くなってもらいたいと頑張ってる
みんな同じなんだよ
比べてもしかたない

出てって
ピシャー
もう
比べないから

対談 4

合理的配慮って？

オチョ　DCDや他の発達障害があって、学校生活で本人が困っている場合、合理的配慮というものが受けられるんですか？

古荘　たとえば、書くことに時間がかかるときは時間延長が認められることがあります。はね、はらいなどの減点に関しては文部科学省から通達はないようですが、合理的配慮の具体例として記載していただくようにしたいと思います。

オチョ　合理的配慮ができませんと言われたらどうしましょう？

古荘　合理的配慮は、日本は国連の条約（障害者の権利に関する条約）を批准していますし、障害者差別解消法に基づき2016年4月から公立学校で提供が義務化されます。現在でも文科省の通達には「先生の過度な負担にならない限りはやること」という文言がありますので、どこが負担になっているかを聞き、落とし所を探っていく必要があるかもしれませんね。まず保護者は合理的配慮の文言を知って、先生と交渉し、合意形成を求めていくことが必要です。

合理的配慮について

1. 障害者の権利に関する条約における「合理的配慮」

（1）障害者の権利に関する条約「第二十四条　教育」においては、教育についての障害者の権利を認め、この権利を差別なしに、かつ、機会の均等を基礎として実現するため、障害者を包容する教育制度（inclusive education system）等を確保することとし、その権利の実現に当たり確保するものの一つとして、「個人に必要とされる合理的配慮が提供されること。」を位置付けている。

（2）同条約「第二条　定義」においては、「合理的配慮」とは、「障害者が他の者との平等を基礎として全ての人権及び基本的自由を享有し、又は行使することを確保するための必要かつ適当な変更及び調整であって、特定の場合において必要とされるものであり、かつ、均衡を失した又は過度の負担を課さないものをいう。」と定義されている。

＊文部科学省から出された「合理的配慮」に関する資料より

オチョ　先生個人によって、症状に理解があるかどうかかなり差があるのが現実です。

古荘　そうですね。交渉しているうちに時間ばかりが過ぎていき、あっという間に次の学年になってしまったというのはしばしば聞く話です。周りに理解されない環境がどうしてもつらければ、私自身は「学校に無理して行かなくてもいいですよ」と本人や家族にアドバイスすることもあります。その場合は、習い事や塾など自分に合ったやり方で学習を進めていくのも1つの手段ですね。

本来なら学校にお願いしたいところですが、支援に消極的な担任の先生のペースに合わせ、医師の診察診断までに2、3カ月かかってしまう日本の状況のなかで、様子見をしているうちに子どもたちの貴重な一年が終わってしまうのは非常にもったいないことです。

●親を追い詰めない

オチョ　今でこそ工夫と妥協で乗り切ろうとしている我が家ですが、熱心に教えていた頃は、「できるまでやりなさい！」と言いがちでした。どうしたら親御さんが追い詰められずにすむでしょうか？

古荘　診察のとき、私の発言に驚かれたようですが、何も工夫せず繰り返しても成果がでないのが問題なのです。まず、全体の目標値を下げるとともに、子どものつまずきの原因を分解して支援することが大切です。たとえば字が汚いのに対して、鉛筆の芯の濃さを変えてみる。マス目を大きいものにする。時間をかけるなどをそれぞれ実験してみて、全然効果がなかったか、それともプラスに働いたかを一つひとつ調べ、その子にフィットする有効な計画を練ることが必要です。

オチョ　参考になります。ただ、家ではなかなか余裕がない方もいますよね。

古荘　もちろん学校にも共有して、何をすれば字がよりきれいに書けるかを示すと、配慮にもつながりやすくなるでしょう。発表の課題なら、この時間で終わらなければ家でパソコンを使ってやってもいいですか？　と聞くなど、自分の中で手立てを持っておき、時間の配慮を提案してみるのもいいかもしれません。

●周りの大人の関わり方

オチョ 支援するうえでの注意すべきポイントはありますか？

古荘 DCDの子は自分ではヘンだなと思っていてもどう困っているかに気づくのは難しいので、まず学校の先生に気づいてほしいと思います。

オチョ そこで頑張らせる指導は効果があるのでしょうか？

古荘 本人は苦手なことは楽しくないので嫌がります。とくに、すぐにハードルを上げてしまう課題は要注意です。たとえば「なわとびを3回跳べたらOK」という目標を「3回できたから5回を目指そう」と続けてしまうと、できなかったときには成功体験につながらず、やる気をなくしてしまいます。

オチョ 3回で成功！ OK！ で終わることが大事なんですね。

古荘 そうですね。悪いことではないのですが、学校の先生は責任感の強い方が多く、遅れを取り戻そう、苦手を克服しようという意識が強く働いています。支援を一生懸命頑張りすぎて、子どもがついてこないのに空回ってしまった結果、やり方を押し付けて煮詰まってしまう例も見てきました。

「この子は頑張ればできるはずだ」と強く願うことが、結果として子どもも自分も苦しめることにならないよう、力をぬいてほしいのです。

「できなくてもいい、他の人と比べなくていい」。これが、自己を肯定的にとらえることのできない人への、私からのメッセージです。

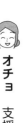

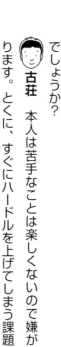

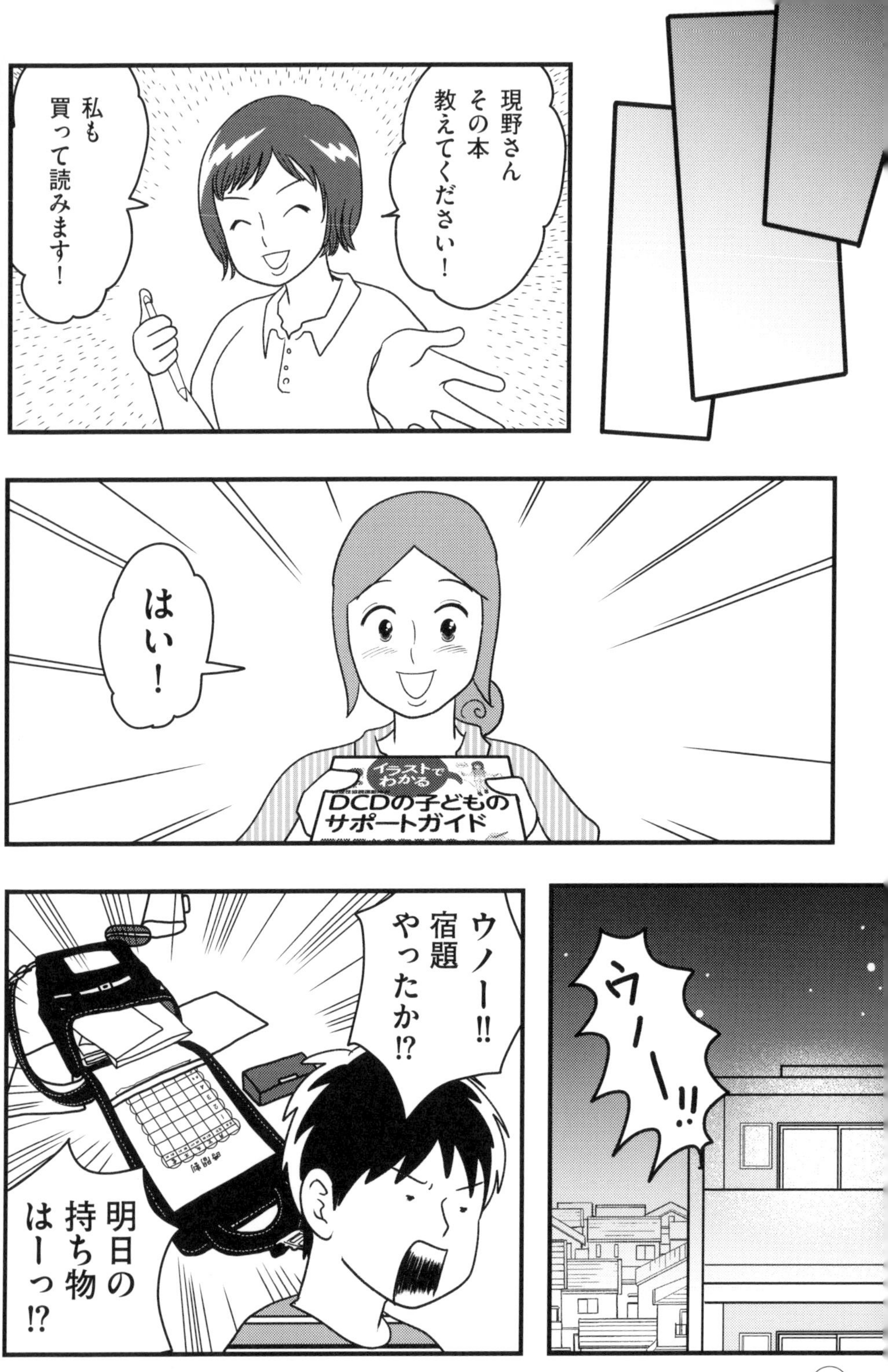
現野さん その本 教えてください！
私も 買って読みます！
はい！
イラストでわかる
DCDの子どものサポートガイド
ウノー!!
ウノー!! 宿題 やったか!?
明日の 持ち物 はーっ!?

夫はDCDに関して何も言わない
今やっちゃいなさい!!
ヘイヘイわかりましたよ!
でも私のキャパからこぼれ落ちた部分をフォローしてくれるようになった
テレワークで家にいる時間が増えたのもある
今までは暗闇にふたりぼっちでどうしたら良いかわからなかったけど
DCDと判明して味方が増えた気がする
私だけじゃない
うん 忘れ物ナシ!
みんなでウノを支えることができるかもしれない

解説
4

子どもがDCDだとわかったら、どんなふうに支援すればいい？

DCDの人へのアプローチは、課題指向型と過程指向型があります。

●**課題指向型**：実際の運動の遂行に焦点を当ててスモールステップで目標に近づけていくものです。たとえば、ひもを結ぶには40個程度の協調運動を連続した動作が必要です。ひもを交差させる、最後のひもを締める段階、ひもをほどく（逆順から理解する）、などそれぞれの過程を分けて課題を完成させる支援の考え方です。

●**過程指向型**：遂行を妨げる要因に焦点を当てる方法です。たとえば自転車に乗る場合に、姿勢が悪い、前を持続的に見ることができない、ハンドルを持つ手が不安定である、などの要因に対処していく方法です。

支援を行なう際には、その都度小刻みに、実現できそうな目標を決めて、「ここまではできた」という成功体験の連続で課題を克服していくことを目指します。ただし間隔をあけて行なうよりは、短期に集中した方が効果があるようです。

就学前であれば、地域の療育機関に相談してください。残念ながら就学時以降になると支援システムがまだ乏しいのが現状ですので、医療機関に相談するのがよいでしょう。子どもたちが完全に自信をなくしてしまう前に、学校には配慮を求めてください。運動、書字、着替え、給食など、個々に困ることを伝えて、どのような配慮ができるか相談してみましょう。その際、診断書などで、医療機関から具体的な支援方法を書き添えてもらうのも効果的な方法です。

アプローチを変えよう

俺が人より運動ができないのは病気のせいだったんだね
俺が他の人よりダメな人間だからなのかと思ってた
ウノはダメな人間なんかじゃないよ!!
DCDという生まれつきの脳神経の問題が理由だったんだよ
ウノは悪くないよ
治す病気じゃないんだよ
──ということで

まずは道具を変えてみよう！
学校に許可をもらって鉛筆を握りやすく濃い芯のシャープペンシルに！
ぜんぶツイッターからの情報よ!!
コンパスも円を書きやすい持ち手が工夫された物を！
ソニック コンパス
くるんパス
コクヨ
鉛筆シャープ 0.9mm
あっ書きやすい！

夏休み
ミーン ミーン

シャープペンに変えたからといって字がうまくなったわけではないので
・・・
自由研究はさぁ～文字をたくさん書くんじゃなくて写真をたくさん撮ってみるのはどう？
ぼく いまロゴマークに興味あるんだよね
あっいいじゃん面白いね！

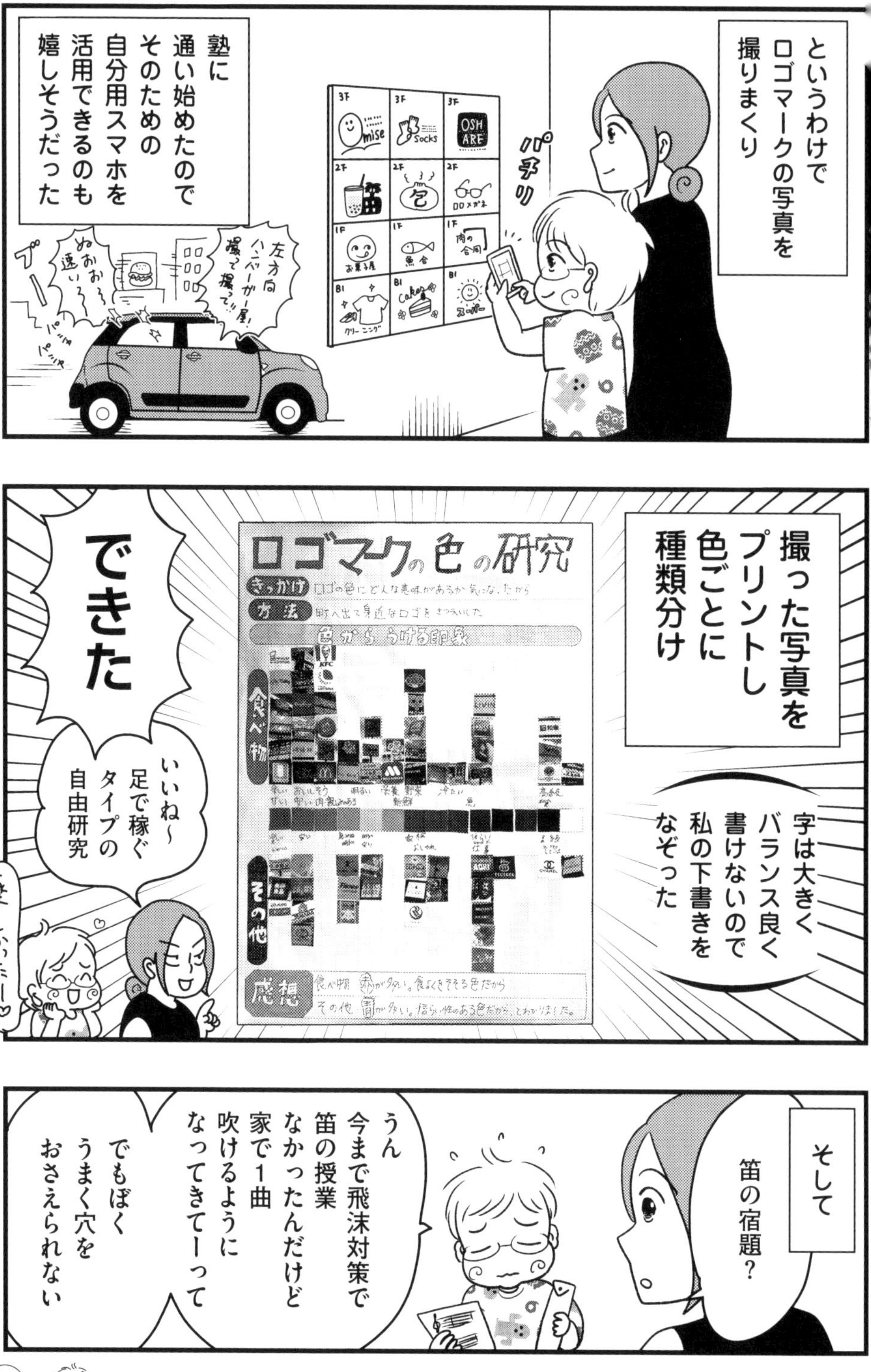

というわけでロゴマークの写真を撮りまくり
パチリ
左方向ハンバーガー屋! 撮って撮って!!
ぬおおお~ 速いぃ~
塾に通い始めたので そのための自分用スマホを活用できるのも嬉しそうだった
撮った写真をプリントし色ごとに種類分け
ロゴマークの色の研究
きっかけ ロゴの色にどんな意味があるか気になったから
方法 町へ出て身近なロゴをさつえいした
色からうける印象
食べ物
その他
感想 食べ物 赤が多い。食よくをそそる色だから その他 青が多い。信らい性のある色だからとわかりました。
できた
字は大きくバランス良く書けないので私の下書きをなぞった
いいね~ 足で稼ぐタイプの自由研究
楽しかったー♡
そして
笛の宿題?
うん 今まで飛沫対策で笛の授業なかったんだけど 家で1曲吹けるようになってきてーって
でもぼく うまく穴をおさえられない

ふっふっふ
そんなこともあろうかと……
穴にシリコンの弁がついているリコーダーを買っておいたのさ!!
バーーン
あっ！これなら吹ける!!
キョーリツコーポレーション
ヌーボリコーダープラス
常識の範囲内の練習量（3日くらい）で吹けるようになった
ちゃんと穴おさえろっ あと100回!!
ヒィ〜〜
みんなできてるわよォ〜
あぶね〜……これDCDって知らなかったら泣かしてでもスパルタ練習して地獄だったわ

他の宿題は……
読書感想文の400字詰め原稿用紙4枚以上!?
ウノは本を読むのは好きだけど……
宿題一覧表
発達の診断のとき
インプットはいいけどアウトプットが苦手なようですね
WISCの結果
そうなのです
カチーン
ウノは文章は鉛筆持ったまま固まった挙句
全然書けなくて「面白かった」とか「また読みたいです」で終わっちゃうの
ただでさえ元からアウトプットが苦手らしいのに私が字を書くことへの苦手意識を増長させてしまった気がして
ハァ〜
あのとき厳しくしたことを後悔
カチャカチャ

学校のタブレットで何してるの？
スクラッチ
※ゲームが作れるプログラミングソフト
カチャカチャ
あ……！ねえもしかして
キーボードだったら文字を書くストレス無いんじゃない？
読書感想文タブレットで打ってみなよ
えーできるかな
書けた～
えっ文章書けたの⁉
多少手直しや体裁を整える手伝いはして
それを手書きで写すんだけど
ヒ～もうヤダ～～つらい～～
今日は1枚でいいからガンバレ!!

道具や
アプローチを変えた
夏休みの宿題
怒ることもなく
怒られることもなく
なんか………
生活が………
がんばる！

ラク～♡
2学期もガンバロー!!
オー!!

変化
運動会楽しみだな〜
2人でゲーム中
え!?
楽しみ!?
なんて?
ソーラン節の大漁旗を持って走る係に立候補して選ばれた

え⁉
じゃんけんで
勝ったの⁉
ううん
立候補者の
中から
投票で
選ばれた
ピコ
ピコ
ズザッ
え⁉
すごいじゃん
なんで
立候補
したの⁉
いや～
俺ってサ
目立つの
好きじゃん？
超
応援
してる
そうだっけ⁉
自分で
「やろう」って
思ったんだ……！
ポン
ポン
そして運動会

やーっ

七瀬

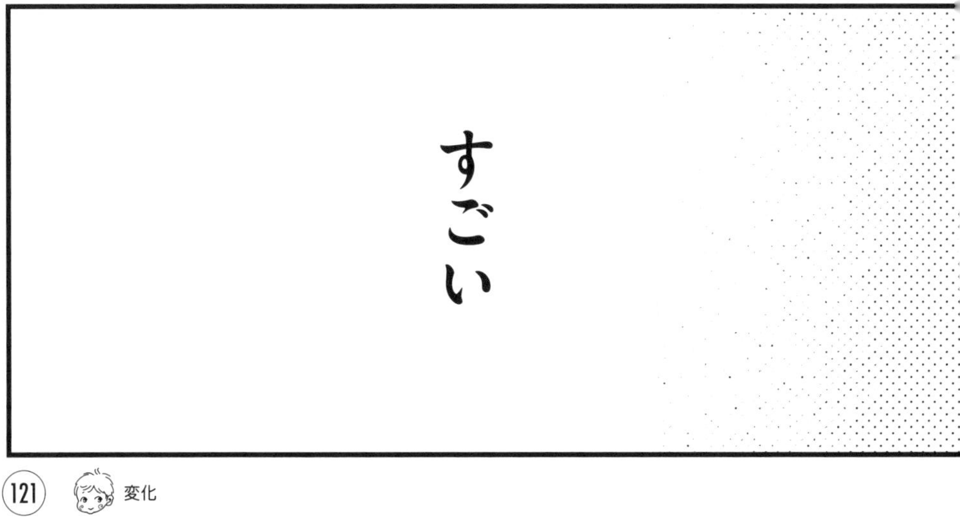
すごい

足が速くなくても
君は立派だ

ドッコイショードッコイショ!
ソーランソーラン!

そして徒競争
まあ……転ばなければヨシ、だよね
ワーワー
位置についてよーい……
ウノ

ドン
ダッ
パ
……ーン
パ
ウーン
パ
パ
パ
……え!?
ウーン

ウーノ ウーノ！
ウーノ ウーノ!!
ウノコールで
応援されてる!?
今まで誰も
コールなんて
されてないのに……
なぜ!?
ウーノ!!
ウーノ!!
ウーノ!!
ウーノ!!
ウノウノ
うっせー
スミマセン……
本当に目の前のちびっ子に言われた

運動会お疲れ様でした！
ウノの好きな餅ついておいたよ！
手洗っておいで！
あちち
わーい
ちょっといろいろ感想が渋滞してるんだけど
あのウノコールはなんで⁉
あーえへへ
俺ってさ〜顔広いじゃん？
で足遅いの有名だからさぁー！
みんな応援してくれたんじゃないかなぁー‼
？？？
そんなことある⁉
しょうゆ

DCDだって判明して……
特別にシャープペンを使うから
先生がクラスのみんなにウノがDCDだと説明してくれて
オープンになってモヤモヤと抱えていたものがふっきれたのかな
ウノ……なんだか変わったね
そう？
みょ〜ん
しょうゆ

なんか明るくなったよ

解説 5

DCDの子に対するNG対応

先生方は、学校で支援や配慮を求められたときの保護者との話し合いで「自分から申し出たら行なう」と条件をつけることはやめてください。DCDの子にもプライドがあります。困り感に気づいていないこともありますし、困っていても、我慢したり諦めたりしがちなので周囲が気づいて対処することが大切です。

クラスメイトと比べること、お手本を見せてそれを繰り返し模倣させることも、本人にはハードルの高い目標を最初から与えることになります。お手本の動作は協調運動の連続をスムーズにクリアしている子のための「お手本」であるため、どこがうまくいかないか本人にもわかりにくく、繰り返しても上達できません。106ページで説明したように、対策をせずに100回繰り返したとしても達成感が得られません。つまずきの原因を確かめ、スモールステップで本人が主体的に取り組める方法を考えないといけません。

学校の体育の授業は、「できる子どもたちの能力を高めること」「競争すること」に焦点が当てられています。そのような目標はDCDの子どもたちにとっては他の子よりできないことがしんどく、失敗体験の連続で「二度とやりたくない」という気持ちを抱いてしまうのではないでしょうか。

体育の先生は、子どものときからスポーツが得意で、教科担任の先生は、勉強が得意だった人がほとんどです。できる人の基準で考えた計画で指導することはできない子に劣等感を与え、ますます学習を嫌いにさせてしまう可能性があることを念頭に置いてください。そうならないためにはDCDの子の話を聞き、運動のようすを観察してください。できる限り細かく分けて、どのステップができていないのかを考えてみましょう。いくつものステップがあれば、1つずつ実現可能なところを、その子や保護者と相談してみましょう。

本来は、楽しく運動したい気持ちがあるのに、「比べられた」「できなかった」の連続で自信をなくすような体験を持たないようにしたいものです。

ノリノリ
エルクンバンツチェ〜〜〜〜ルォオオオオ!!
ジャーーーン♪
ジャ〜ン♪
チャッチャッチャ〜ラ〜
チャッチャッチャッ
チャ〜ラ〜
チャッチャッ
チャララ〜♪
チャラ〜♪
チャッチャッチャッチャッ
チャ〜ラ〜
……えっちょっと待って今叫んだのウノ!?
撮りそこねた
聞いてないんだけど
みたいね……

『ぼくはこの謎を解くぞ!!』
真実はいつもひとつ!!
主役が5人くらいいる
わーっ
音楽発表会でウノは
イケてた
みなさん!! 世界中にはどんな音楽があると思いますか!?
みんなで旅をしてみましょう!
イケてるグループの人みたい…
めっちゃ目立ってる…

その後の面談
ウノくん変わったねって職員室でも評判です
やっぱりそう思いますかっ先生のご指導のおかげですっ
授業中もよく挙手して的を射た発言もしますし
多少ムラはありますが順調だと思います！
ムラの図
ぼーっ
あー昔からあるやつですマイワールド行っちゃうクセ
おーいっウノくんっ帰ってこーい!!
運動もね……
器械体操はやっぱり難しいみたいですが
跳び箱なんかは走ってきて手を付くだけでもいいって伝えています
ばーん
てててて

ああ先生 本当に理解して くださってる
できなくて 本人が 悔しい思いを することは あるんですが
しょんぼりする ことだけは 避けたいと 思っています
そうですね
担任が 春野先生で よかった……

あとの課題はノートですね
ほとんど書けていないことが多くて
ノートは評価の対象にもなっているんです
ノートを重要視する先生は多くて
テストの点が良くても提出物次第で評価が下がる
98
B
ノート まっ白
中学に上がってもそこがネックになるかもしれないので……
ジャーン
学校に交渉して
タブレットでノートをとってもいいことにしました！

神!!
それを聞いたウノ
ウノだけではなく
他にも板書が
苦手な子がいるそうで
春野先生のおかげで
解禁となった
ウン
タブレット
教科によっては
手書きもまだまだ
あるけど
少しやりやすく
なるね

しばらくして
ねーねー おかあさーん
なーに？
見てよ コ・レ!!
ノート こんなに とれてるん だ・ぜっ☆
ドヤ☆
日本の工業の特色をさぐろう。パート3
・輸出入↗
・輸出＜輸入
・輸入（原料、燃料）
⇓使って加工
輸出（工業製品）
①主な貿易相手国
自 輸入額 輸出額
1中 1中
2米 2米
3豪 3韓
4沙 4台湾
5韓 5香港
②輸出入の方法
船 （大量に運べる） 安い 時間が
飛行機（早い）小さいもの 食べ物 高い
コンテナ（箱）
タンカー（原油）
トラック
鉄道
貿易には輸送が
考察 輸出や、輸入には、
がすごく関係して
りました。
え……
え〜〜〜〜っ!!
ジャーン!!

これ自分で打ったの!? 授業で!? スゴイじゃん
ムフ〜
今までと全然違う
でも→（矢印）の出し方がわからなくてひらがなの「く」と漢字の「一」を組み合わせた
く一
←
頭使って工夫してるね
矢印は「やじるし」って打つと出るよ
おおっ
あと表組みは…
なるほど! そうやるのか!!
ソフトはGoogleスライドやパワーポイント
ノートとるの
面白いっ
イイ調子イイ調子
あとさー もしかして……俺って……

運動……
向いてるかも……
きっぱり
それは調子のりすぎじゃない？
なんでそう思ったの
んも～っ
ひどい～っ
最近バスケの漫画や映画を見たでしょ
ごめんごめんつい…
あれで全員点を取る必要はないんだなーってわかった
体育のバスケでも点は取れなくても守りを意識したら面白かった！
PG
SG
SF
PF
C
あと……

サッカーも
俺は
キーパーに
向いてることに
気がついた
わぁー……
みんなが
サッカーするって
言うから
帰ってきた
俺ボール
上手に蹴れないよ～
ホロリ…
今日は
シュート全部
止めたんだよ
イエイ

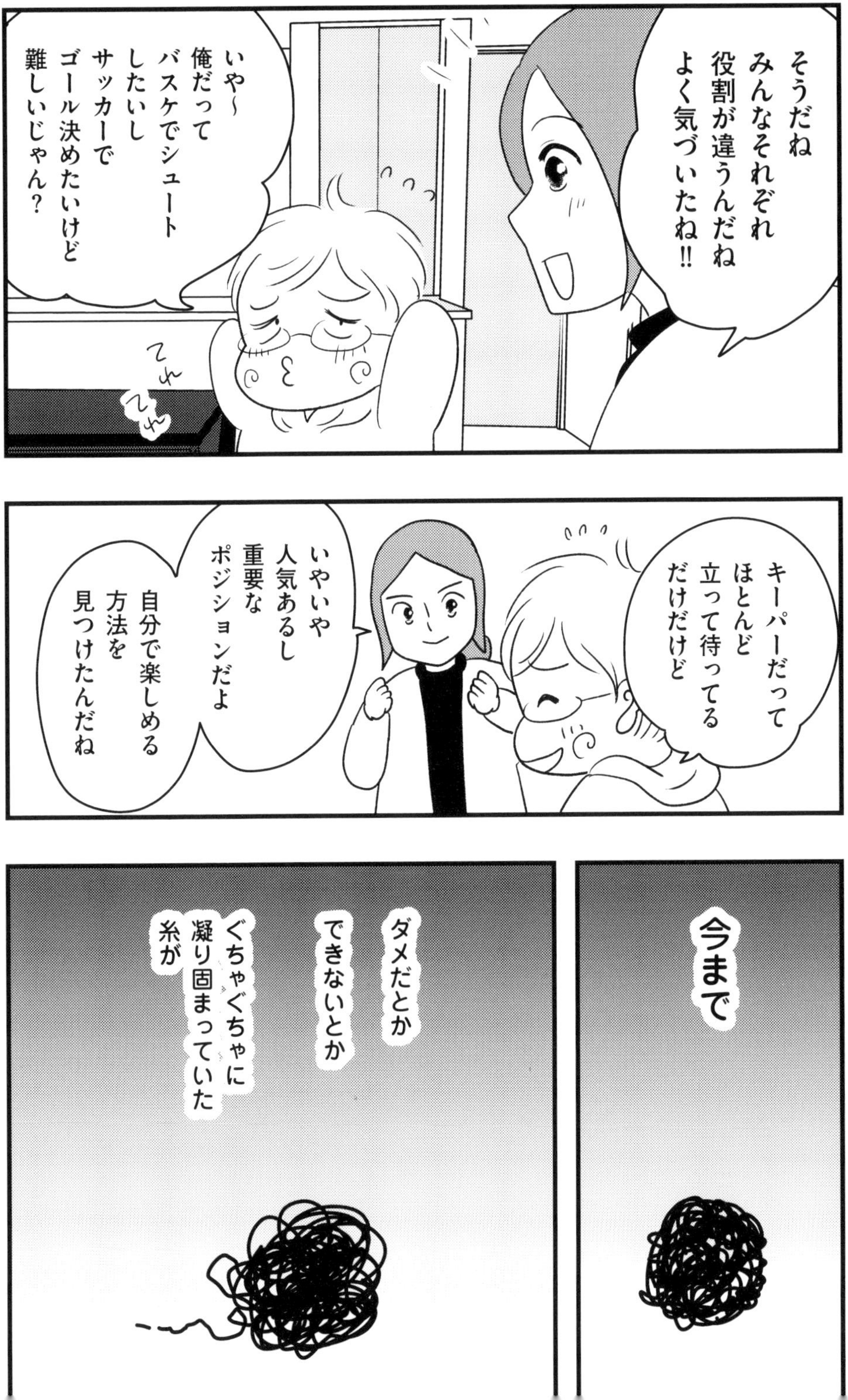
そうだね
みんなそれぞれ
役割が違うんだね
よく気づいたね!!
いや～
俺だって
バスケでシュート
したいし
サッカーで
ゴール決めたいけど
難しいじゃん？
てれてれ
キーパーだって
ほとんど
立って待ってる
だけだけど
いやいや
人気あるし
重要な
ポジションだよ
自分で楽しめる
方法を
見つけたんだね
今まで
ダメだとか
できないとか
ぐちゃぐちゃに
凝り固まっていた
糸が

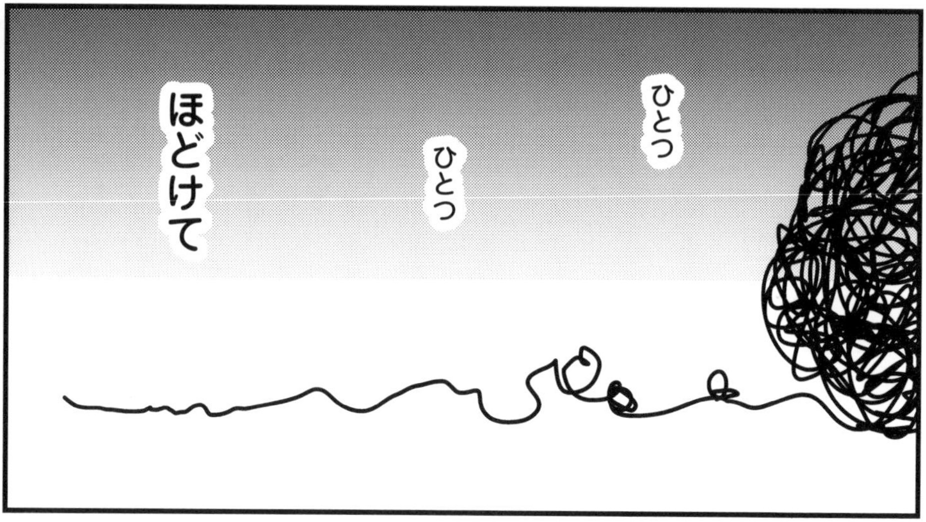
ひとつ
ひとつ
ほどけて

ウノが
まぶしい

解説 6

二次障害はありますか？

DCDの二次障害にはいくつかの種類があります。

●**いじめの標的になる**：クラスメイトから不器用さをイジられることで、周囲から気づかれにくいいじめ被害を受けやすくなります。あえて、故意にイジられる行動をとり、苦手さをごまかすこともあります。DCDの子にとって、ドッジボールはボールを当てられるいじめが隠された体育であると言っても過言ではないほど、当事者たちから「傷ついた」という声を聞きます。DCDの子は外野や審判の役割にする、ルールを変えるなどの配慮が必要です。

●**人付き合いが苦手**：DCDの子は、自分の苦手さがわかっているものの、自分では克服できず、自己肯定感が下がりがちです。すべてにおいて、消極的になることもあります。友達との関係を築けないと、青年期以降の人付き合いも苦手となる可能性があります。

●**周囲から低評価を受ける**：書くことが苦手だと、授業内容を習得しているにもかかわらず、教師や周囲の大人から評価される機会が減ります。

●**就労に困難をきたす**：学生の間は「勉強ばかりして」と言われながらも成績で評価されて社会で活躍している人の中にも、一定数不器用な人はいると思います。そうした人も得意な部分でカバーできないと就労に困難をきたすことがあります。

●**体を動かしたくない**：競争や団体競技で苦手意識を持ち続けると、一生運動をやりたくないと思うことなどがあります。慢性化すると、生活習慣病のリスクが高くなることもありえます。

対談 5

二次障害

オチョ　症状、困りごとの実態がよくわかってきました。二次的な影響も深刻だと聞いたのですが、どんなものがありますか？

古荘　まず挙げられるのは自己肯定感の低さです。勉強で評価されない、体育もダメとなると、とくに小学生は「自分なんか良いところがない。どうせダメだ」という気持ちでいっぱいになります。

オチョ　つらいですね……。身につまされます。

古荘　そのような子は、自分の症状をひたすら隠そうとします。支援が必要だよと言われても、本人にとって余計なおせっかいととられてしまうと、親が一生懸命でも支援につながらない可能性があります。失敗を繰り返すことで、さらに自信をなくしていきます。

オチョ　支援がうまくいっている人には、どんな傾向がありますか？

古荘　家族が子どもを信じて、うまくサポートに立ち回っているようです。オチョさんもそうですが、私の診察にたどり着くまでに、常にお子さんのことを信じて、情報収集を行なったり、他の機関の助言に納得いかず、探し回った方がほとんどです。まず、お子さんを肯定的に見ている方です。

オチョ　そうなんですね。

古荘　他の子どもができているのに自分の子どもができないのは「努力不足ではない」と信じてください。子どもは親からも他の大人からも良い評価を得たいために努力するものです。子どもが「できない」と言ったときは、SOSのメッセージです。精神論で突き放すのではなく、「どうしたらできる」「どこまではできる」「何があればできる」など子どもと話をしてください。診断を受けることで、自分たちの考え方が間違っていなかったと気づき、親子で新たな目標が持てて支援もスムーズにいきます。残念ながら診断は受けても、すっかり自信をなくしている親子も少なくないようです。

対談 6

大人の当事者

オチョ　私がツイッターで漫画をあげたら大人の当事者の方からも感想が届きました。大人になってから「自分は不器用だったけど、ＤＣＤだったかもしれない」と気づかれたそうです。大人になってからＤＣＤの症状に気づいた人はどのようにすれば生きやすくなるのでしょうか？

古荘　まず、自分が楽しむことのできる趣味を持つことが大切です。なぜなら、障害者の権利に関する条約にも述べられているように、障害があっても権利、自由を等しく持つことができるため、これを自ら放棄する必要はないのです。同時に、生活するうえでどうしても苦手な家事や動作は工夫して乗り切ることが大切です。苦手なことは便利グッズを使って対処したり、お金で解決するのも手だと思います。

たとえば食事なら、カット野菜や半調理品、包丁の代わりにキッチンバサミなどを使って料理する、外食や

大人のＤＣＤの人の声

体育がトラウマ。
ダメな見本と
言われたことも

学校では
給食と体育が
嫌だった!!

食事のマナーを
見られるのが苦痛。
人と食事したくない

団体競技で
足を引っ張ってしまい
申し訳ない気持ちだった

出前を楽しむ、などです。お金に余裕がある人は他の家事を外注するのもよいと思います。生きづらさを軽減して、プラス何か楽しみを見つけることが大切です。

オチョ　頑張りすぎないというのがポイントですね。

古荘　苦手なことを毎日ストレスに感じながらやる必要はありません。「料理や片付けがうまくできなくてつらい」と毎日思い続けるよりも、マイナスを減らす努力と、プラスを見つける努力をした方がいいです。

オチョ　体を動かすうえでおすすめはありますか？

古荘　相手の必要なスポーツサークルにためらいがあれば、自分のペースでできるヨガやピラティスもおすすめです。

オチョ　ちょっと意外なセレクトでした。いろいろと教えていただき、ありがとうございました。

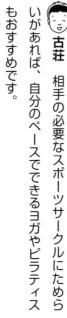

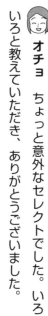

エピローグ
ドサ
ただいま
俺　3学期の終業式で全校児童を代表して作文を読む役になった
えっ
私の育児って「えっ」とか「わーっ」とかばっかりや
先生方がウノくん変わったねって
良くなったからそのことと6年生に向けての抱負を書いてきてって
作文
もはや私の方が苦手意識がある!?

5年生を振り返って
現野ウノ
ぼくは運動が
得意ではありません
今までは
体育や運動会が
ゆううつでした
でも
もっと楽しくしたいと
思うようになりました
そこで
ソーラン節の大漁旗を
振る係に立候補して
選んでもらうことが
できました
ぼくは
今までより
今回の運動会が
楽しみになりました
コロナ禍のため校内放送で終業式

当日ドキドキしましたが
成功することができて
ホッとしました
ぼくは　苦手な運動でも
自分のできることを見つけて
楽しめるようになりました
これからはそれを活かして
最高学年の6年生として―!
ただいまー
おかえりー
ど　どうだった
スピーチ
うまく
できた!
あとハイ
これ
通知表
あゆみ

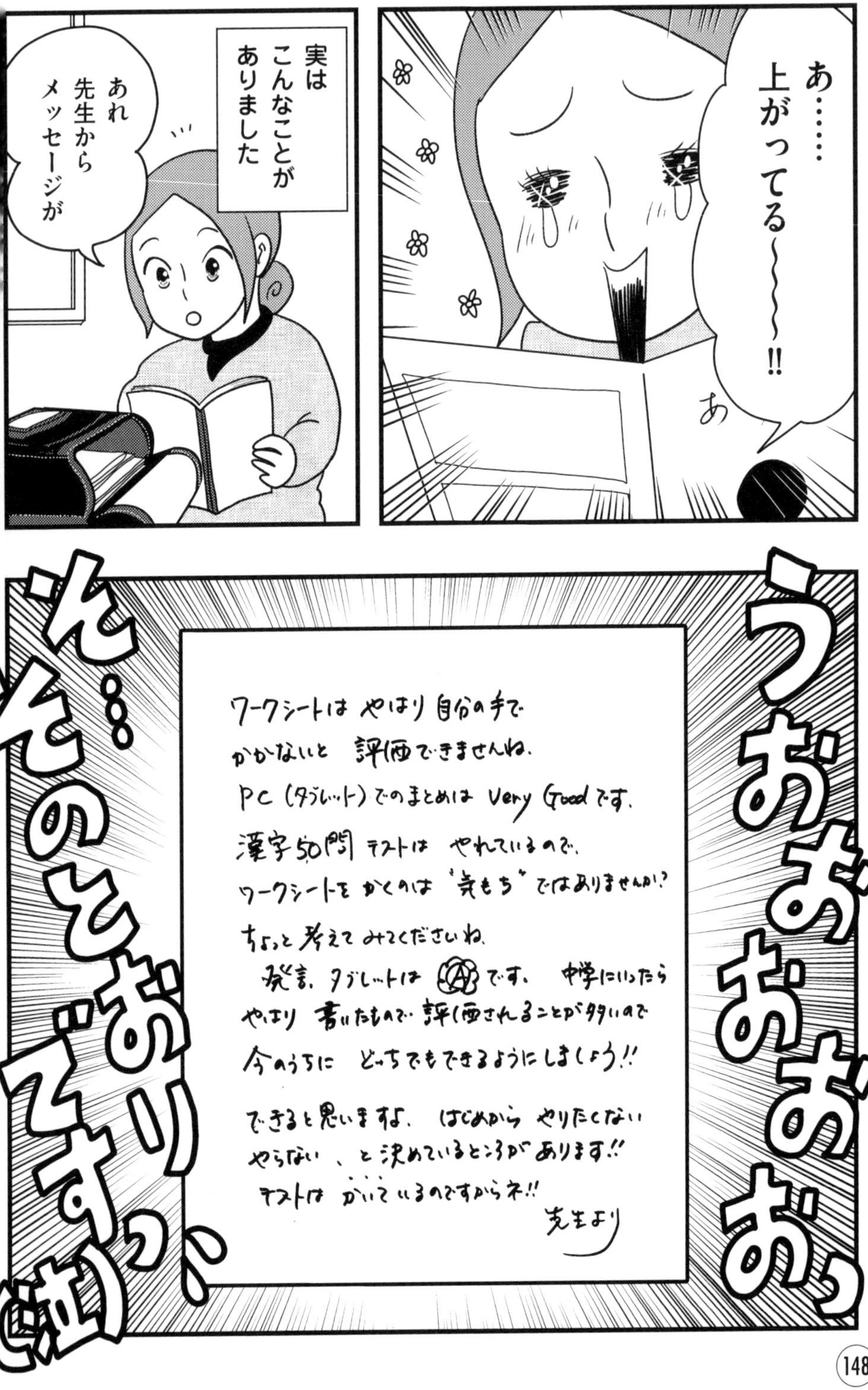
あ……
上がってる〜〜〜〜!!
あ
実はこんなことがありました
あれ 先生からメッセージが
うおおおおっ
ワークシートは やはり 自分の手で
かかないと 評価できませんね。
PC(タブレット)でのまとめは Very Good です。
漢字50問 テストは やれているので、
ワークシートを かくのは "気もち" ではありませんか？
ちょっと 考えて みてくださいね。
発言、タブレットは Ⓐ です。 中学にいったら
やはり 書いたもので 評価されることが多いので
今のうちに どっちでもできるようにしましょう!!
できると思いますよ。 はじめから やりたくない
やらない、と 決めているところがあります!!
テストは かいているのですからネ!!
先生より
え… そのとおりですっ、(泣)

タブレットでの板書は順調だったものの手書きのノートはまだ書けないままだったのだ
うーん
結構ショック受けてる
ちょっと考えさせて……
一週間考えた
どーしたらモチベを下げず取り組めるか
ポクポクポクポクポク
説教にならない言い方は……
チーン
ヨシ！
読めなくても汚い字でもいいから
精いっぱいハードルを下げたつもり
とりあえず空白を埋める練習をしてみようか
わかった

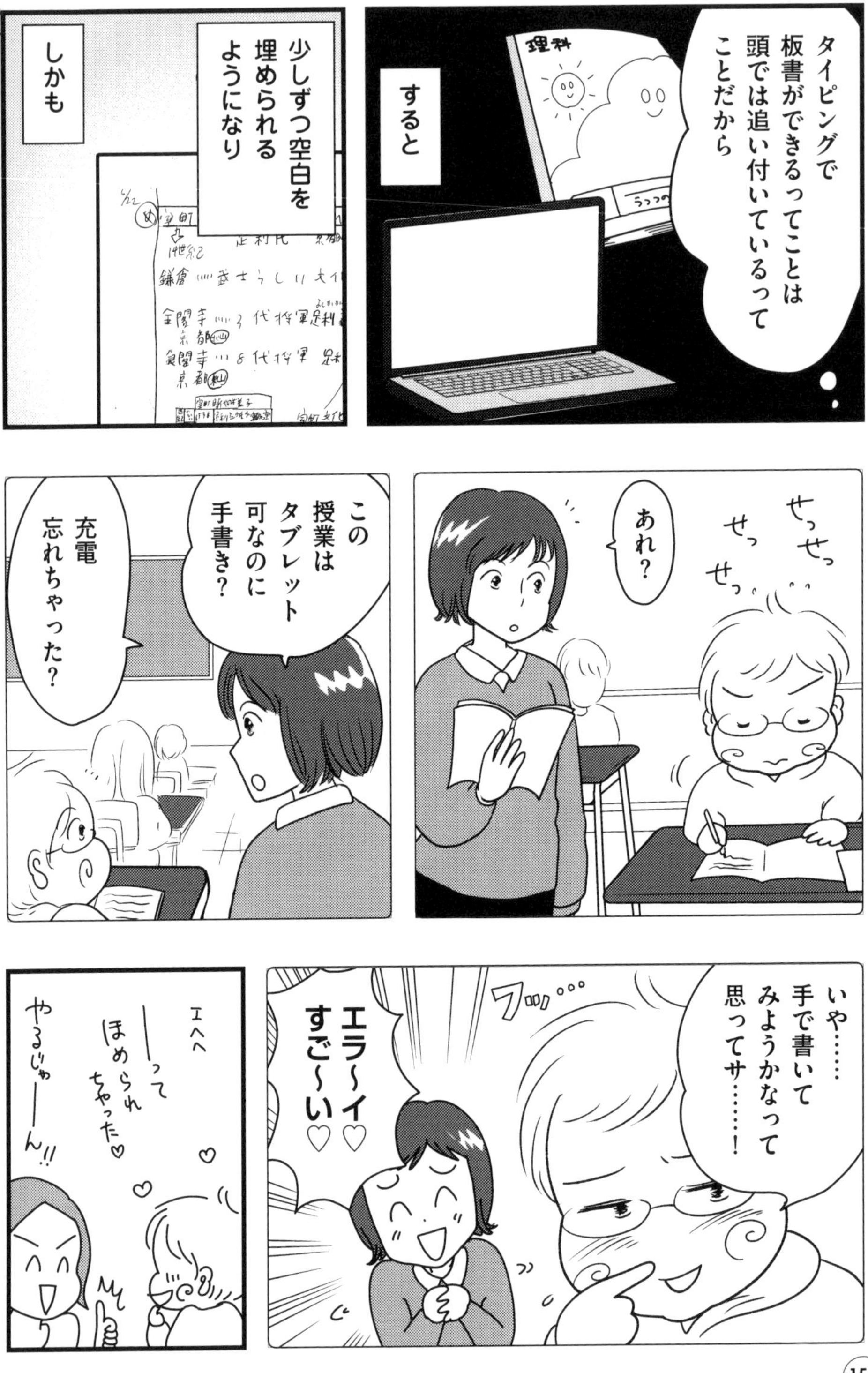
タイピングで板書ができるってことは頭では追い付いているってことだから
理科
すると
少しずつ空白を埋められるようになり
しかも
せっせっ
せっ
せっ
あれ？
この授業はタブレット可なのに手書き？
充電忘れちゃった？
いや……手で書いてみようかなって思ってサ……！
フッ…
エラ～イすご～い♡♡
エヘヘーってほめられちゃった♡
やるじゃーーん!!

まだまだ板書の練習を始めて3カ月
それでも3つも評価が上がった
国語ひとつと社会ふたつ
このまま続ければハンデのない評価をもらえる日がくるかもしれない
あゆみ
そう知らなかったとはいえ小学校生活の5年間をウノはハンデ有りの状態で過ごしていました
ドン底に落ちたモチベーションを取り戻すことができた大きな理由は
DCDを知れたことと理解ある先生との出会いでした
おすすめ
フォロー中
DCD@DCD・1時間
DCD（発達性協調運動障害）って!?
なわとびが跳べない、書字が下手、ハサミが上
手く使えない……
もしかしたらDCDかもしれません
なぜできないのかどうして苦手なのか
字や運動、つながらなかった不得意の原因がDCDと一本の線でつながったからです
DCD
姿勢
食べこぼし
箸
運動
書字
なわとび
ハサミ

DCDだってわかってからの方が学校が楽しい
そっか!

これから中学・高校といろんな問題に突き当たることがあるでしょう
でもきっと私たちならもう大丈夫
考えや方法を工夫して
受験
ABC
ひもの靴なんてまだまだ…
えー中学って柔道があるの!?
ノート書けるかなァ…
STUDY
ピアノ難しくなるなァ…
シャツのボタンが地味に心配…

明るく
楽しく
笑っていけますように
これが

私たちの
DCDの話です

対談 7

同じ悩みを持つ人の輪

オチョ　SNSで公開した漫画に反響があり、不器用な子がいるのはウチだけじゃなかったんだと安心しました。

古荘　同じ悩みを持つ人同士、他の人には話せないことも話したくなりますね。

今は同じ診断名を持つ親同士、SNSでの交流が主流かもしれませんが、他の発達障害の保護者たちはネットが盛んでなかった時代から親の会というゆるやかなネットワークでつながり盛んに活動していました。有志で地域ごとに団体が作られ、ADHDもASDもLDも数多くの会が全国に存在します。大きな組織は全国規模で展開し情報交換を行なったり、政策提言のための意見を出したり、教育機関や国に働きかけるといった行動もしています。

オチョ　DCDでもそこまでできたら、変わっていくかもしれないと希望が持てます。

古荘　DCDはまだ全国にポツポツと親の会ができ始めているところです。子どもが特性を持っている、または当事者の親がゆるくつながりを持ってピアサポート*をしたりしているようです。医療や教育の情報を得るためには横のつながりが非常に大切になるでしょう。

ADHDだとペアレント・トレーニングという親だけが何人かで集まって行なうプログラム／セッションがあるので、そういったことからもつながりができます。

オチョ　DCDにもそのようなプログラムがあったらいいですね。

古荘　体を動かすことであれば、なわとびや運動トレーニングが主体のところが多いようです。ちなみに一番ニーズがあるのは文字を書くライティング指導です。スポーツだとなわとびやボール投げが苦手でも、大人になっても困らないのですが、書字は一生必要な能力だからです。細かいことをいえば、ボタンを留めるなどの動作も生活や就労に欠かせません。

*ピアサポート：当事者や近い立場の人が支え合う活動のこと

改題

ＡＳＤ、ＡＤＨＤ、ＬＤの支援に携わる方から、子どもたちの不器用さについて相談を受けることが増えています。それはＤＣＤではないかと思い説明すると、まだまだその症状や困りごとについて知らない方も多いようです。発達障害でＤＣＤを併せ持つ人は多いのですが、支援者にも見落とされているのが現状です。この本に出てくるウノ君のように、他の発達障害の特性が明らかでなく、ＤＣＤ単独の特性を持つ子もいます。いずれにしても、ＤＣＤという極端に不器用な子が一定数いることを、社会で認識していただきたいと思います。

私はウノ君の診察に立ち会い、こうして赤ちゃんの頃からのエピソードを読ませていただき、オチョさんがずっと悩まれて、必死に解決策を求めていたことがよくわかりました。オチョさん親子の場合、診察を受ける目的がはっきりとしていました。学校に配慮申請を行なう、困難さを軽くする道具を使用するなどの助言が行ないやすく、一度の診察で、経過良好のケースと判断できました。オチョさんとウノ君からすると、あっさりとした診察で驚かれたようですね。

私はこれまで、ＤＣＤと思われるいろいろな親子のケースを診察してきましたが、親子の葛藤が強い、本人の自己肯定感が極めて低いケースでは、時間をかけても改善につながらないことも少なくありません。

オチョさんが、ウノ君を常に肯定的に見られていたことは素晴らしいことだと思います。ウノ君も、自己肯定感が保たれていると感じました。達成感を持ちやすい一方で、できなかったことをくよくよ悩まない「お調子者?」な性格もコミックから読み取れ、前向きなようすが伺えます。そして担任の先生をはじめ、学校の協力が得やすかったことなど、良い方向に向かう条件がそろっていました。

学習に便利な道具を使うことや、パソコンを使って提出物を作成することは、ＤＣＤの子に限らず、すべての子にとって便利なものです。授業の内容や教材を可能な範囲で「ユニバーサル化」することで、DCDの子の困難さが軽減されることもあります。ウノ君の場合も、何から何まで配慮を申請するのではなく、体育や提出物の一部についてなど、ポイントを絞って配慮の相談を行ないやすくなります。すべてが特別扱い、などとプライドが傷ついたり、友達に特別視される心配もなくなりますよね。

ウノ君の発言から、DCDの子もスポーツを楽しみたい気持ちがあることがわかります。そのような場合は、DCDの子だけでグループを作ってスポーツをすることもよいと私は考えています。サッカーで部分的に手を使うのもOK、バレーボールのサーブはボールを高く投げて開始するなど、ゲームが楽しめるour ruleを作るといいでしょう。

DCDは、極端に不器用なだけでなく、そのことが原因で生活に大きな影響がでていることが診断の用件になります。つまり環境が整っていれば、あえてDCDと診断しなくてもよいこともあるのです。そのためには、幼稚園や保育園の先生方には、DCDの子どもが一定数いることの理解を、そして小学校や中学校の先生方には、多くの子どもにとって負担のかからない、学校環境を提供していただきたいと思います。

DCDの人が、学校で、地域で、そして成人して職場や社会で、多くの人と共生できる環境が整うようになることを願っています。本書がそのヒントになりうる一冊であると、自信をもっておすすめします。

2023年7月7日

古荘純一

あとがき

「運がいいですね」。この本を監修してくださった古荘純一先生と、打ち合わせをしたときに言われた言葉です。息子がDCDかもしれないと気づけたこと。受診にあたり家族の理解を得られたこと。近くの医院ですぐに診断してもらえたこと。担任の先生の理解を得て、合理的配慮を受けることができたこと……（そして本を描かせていただけたことも！）。

その結果、漫画にも描いたとおり私たち親子の生活は少しずつ楽になりました。

でも本音を言えば、運ではなくDCDに関わるすべての人に正しい情報が行き渡り、困りごとを減らすことができたらどんなにいいでしょう。「今までだって、運動が苦手でぶきっちょな子はクラスに一人はいた」と夫をはじめ、先生や私の両親からも言われた言葉です。きっと「気にすることないよ」と私を励まそうとして出た言葉かもしれませんが、私のように息子が困っている状態をそのままにはしておけない人たちがたくさんいるはずです。

そうして今まで困っていた子どもたちや周囲の大人がDCDを知って、自尊心を失うことなく明るく大人になることができたら、もっと活躍できる人が増えて、もっと良い社会になるのではないかと思います。まだまだあまり知られていないDCD。この漫画が少しでも多くの方々に知っていただく、その一助となることができましたら、これほど嬉しいことはありません。

最後に、DCDを教えてくれたライターの仁田茜さん、アドバイスをくださった保健室の先生、担任の先生に感謝します。そして古荘純一先生、編集の齊藤暁子さん、このような本を作る機会とお力添えをいただきありがとうございました。

オチョのうつつ

【監修者・著者紹介】

■監修者

古荘純一（ふるしょう・じゅんいち）

青山学院大学教育人間科学部教育学科教授。小児科医、小児精神科医、医学博士。1984 年昭和大学医学部卒、88 年同大学院修了。昭和大学医学部小児科学教室講師を経て現職。小児精神医学、小児神経学、てんかん学などが専門。発達障害、トラウマケア、虐待、自己肯定感などの研究を続けながら、教職・保育士などへの講演も行なう。小児の心の病気から心理、支援まで幅広い見識をもつ。主な著書・監修書に『DCD 発達性協調運動障害 不器用すぎる子どもを支えるヒント』（講談社）、『日本の子どもの自尊感情はなぜ低いのか――児童精神科医の現場報告』（光文社新書）、『空気を読みすぎる子どもたち』（講談社）など。

■著者

オチョのうつつ（おちょの・うつつ）

漫画家、ブックデザイナー。「本当にあった笑える話」で『しゃんしゃん婆ミツコ御年 90 歳！』（ぶんか社、2021）で漫画家デビュー。ほか『サレ妻デザイナーの私を見て笑え !!』（ぶんか社、2023）など。

組版　Shima.
装幀　カナイデザイン室

なわとび跳べないぶきっちょくん
ただの運動オンチだと思ったら、DCD（発達性協調運動障害）でした！

2023年8月20日　第1刷発行

著　　者　オチョのうつつ
監 修 者　古荘純一
発 行 者　坂上美樹
発 行 所　合同出版株式会社
東京都小金井市関野町 1-6-10
郵便番号　184-0001
電話　042（401）2930
FAX　042（401）2931
振替　00180-9-65422
ホームページ　https://www.godo-shuppan.co.jp
印刷・製本　株式会社シナノ

■刊行図書リストを無料進呈いたします。
■落丁・乱丁の際はお取り換えいたします。

ISBN978-4-7726-1538-9　NDC370　148 × 210